I0045410

NTAIRE
1438

FACULTÉ DE DROIT DE PARIS

THÈSE

POUR

LE DOCTORAT

DES EFFETS

DE LA PUISSANCE PATERNELLE

A L'ÉGARD DES BIENS DE L'ENFANT

PAR

Louis CHÉREAU

AVOCAT A LA COUR IMPÉRIALE DE PARIS.

PARIS

TYPOGRAPHIE MORRIS ET COMPAGNIE

RUE AMELOT, 64.

1866

A mes Parents

A mes Amis

DES EFFETS

DE LA PUISSANCE PATERNELLE

A L'ÉGARD DES BIENS DE L'ENFANT

Ⓒ

31438

FACULTÉ DE DROIT DE PARIS

THÈSE

POUR

LE DOCTORAT

DES

EFFETS DE LA PUISSANCE PATERNELLE

À L'ÉGARD DES BIENS DE L'ENFANT

L'ACTE PUBLIC SUR LES MATIÈRES CI-APRÈS SERA SOUTENU
Le mercredi 18 avril 1866, à 1 heure 1/2,

PAR

Louis CHÉREAU

Né à SERBONNES (Yonne)

AVOCAT A LA COUR IMPÉRIALE DE PARIS,

EN PRÉSENCE DE M. L'INSPECTEUR GÉNÉRAL GIRAUD.

PRÉSIDENT : M. COLMET D'AAGE

SUFFRAGANTS
{ MM. VALETTE
LABBÉ } Professeurs.

GÉRARDIN
DESJARDINS } Agrégés.

Le candidat répondra en outre aux questions qui lui seront adressées
sur les autres matières de l'enseignement.

PARIS

TYPOGRAPHIE MORRIS ET COMPAGNIE

RUE AMELOT, 64.

1866

PREMIÈRE PARTIE

DES EFFETS DE LA PUISSANCE PATERNELLE

A L'ÉGARD DES BIENS DE L'ENFANT

EN DROIT ROMAIN

INTRODUCTION

Chez les sociétés primitives, la puissance paternelle
était illimitée et absolue; elle s'exerçait souvent avec
une rigueur dont nous pouvons aujourd'hui nous faire
à peine une idée, mais qui nous est attestée par l'his-
toire. Ainsi, tel était, chez les Hébreux, le caractère
de cette puissance, que, du temps des patriarches, le
père avait sur ses enfants droit de vie et de mort; le
sacrifice d'Abraham n'était donc qu'un acte licite et que
l'exercice normal et incontesté du pouvoir paternel.
Cette puissance absolue, qui se maintint chez les nations
idolâtres voisines, fut, chez les Hébreux, limitée par
Moïse : ce législateur retira au père le droit de vie et de
mort, fit cesser son pouvoir à la majorité de l'enfant,
fixée pour les garçons à seize ans et pour les filles à
douze, et fit intervenir les tribunaux dans l'exercice de

ce pouvoir. Néamoins le père conserva le droit de vendre sa fille impubère, lorsqu'il y était contraint par une extrême misère.

A Athènes, Solon apporta des tempéraments à la puissance paternelle : le père ne pouvait disposer ni de la vie ni de la liberté de ses enfants, mais il pouvait vendre sa fille lorsqu'elle s'était prostituée. A Sparte, il n'y avait pas de puissance paternelle : les enfants appartenaient à l'État. Il fallait avant tout, dans les principes de Lycurgue, donner des défenseurs à la patrie : aussi tout nouveau-né, faible ou difforme, était mis à mort. Les autres étaient élevés jusqu'à l'âge de sept ans par le père ; passé cet âge, son pouvoir cessait, et l'État se chargeait de leur éducation.

Quelles que fussent l'étendue et la rigueur de la puissance paternelle chez les peuples anciens, elle ne pouvait nulle part se comparer avec celle qui existait à Rome.

Le chef de famille romain est, à proprement parler, un souverain domestique. Il forme seul, dans la famille, une personne complète, seule susceptible d'avoir ou de devoir des droits. Lui seul est propriétaire des biens et des esclaves, car à Rome, comme dans toute l'antiquité, l'esclave n'est qu'une chose, qu'un instrument, capable de manier d'autres instruments. Le père de famille est même propriétaire de ses enfants, des enfants de ses fils, et de sa femme *in manu*. Sur ses esclaves et ses enfants, il a droit de vie et de mort, et par conséquent droit de les vendre et de les exposer. Cette puissance durait tant qu'il plaisait au père. Le fils de famille pouvait avoir une personnalité importante dans l'ordre

politique, il pouvait être élevé aux plus hautes charges
de la République, remplir les fonctions de préteur, de
consul, de dictateur, mais rentré au foyer domestique,
il n'était plus que l'humble sujet d'un père ou d'un
aïeul omnipotent.

Toutefois, au fur et à mesure que les mœurs s'adou-
cirent, l'exercice de la puissance paternelle devint
moins rigoureux. Sous les empereurs, le pouvoir des
pères sur la personne de leurs enfants fut limité, à tel
point qu'Adrien condamna à la déportation un père qui
avait tué son fils, et pourtant le fils *novercam adultera-*
bat, dit Marcien (loi 5, *De lege Pompeia de parrici-*
diis. Dig. 48, 9), et le jurisconsulte ajoute : *Nam patria*
potestas in pietate debet, non in atrocitate, consistere.
Dioclétien et Maximien défendent au père de livrer son
fils en vente, en donation, en gage (loi 1, *De patribus*
qui filios suos distraxerunt, Cod. 4, 43); Constantin
fait pourtant une exception, car il permet au père,
pressé par une extrême misère, de vendre ses enfants
au sortir du sein de leur mère, *sanguinolentes.* (Loi 2,
Cod., *eod. tit.*) Mais l'abandon noxal, en réparation du
préjudice causé par le fils, n'est plus permis : c'est ce
qui est constaté par Justinien, aux Institutes. (Liv. 4,
tit. 8, § 7.) Enfin cet empereur, consacrant et généra-
lisant les constitutions de ses prédécesseurs, interdit
l'exposition des enfants. (Loi 3, *De infantibus expositis*,
Cod. 8, 52.)

Mais remarquons bien que si le progrès des mœurs
amena un tel adoucissement dans l'exercice de la puissance paternelle et effaça ce qu'il y avait de barbare
dans ses conséquences, il s'en faut bien que pareille

chose arrivât au point de vue du droit civil. Les Institutes de Justinien, en effet, reproduisant textuellement
en ce point celles de Gaïus, constatent que ce droit de
puissance est propre aux citoyens romains, et qu'aucun
autre peuple n'en a de semblable. (Liv. 1, tit. 9, § 2.)

Le chef de famille, *paterfamilias*, était donc toujours
le seul propriétaire; en sa personne s'absorbaient les
personnes de ses enfants et de ses autres descendants,
qui étaient en sa puissance, et qui ne pouvaient avoir
de personnalité civile distincte.

Aussi le fils de famille ne peut-il rien posséder en
propre; ce qu'il acquiert ne reste pas sur sa tête, mais
passe dans le patrimoine du père; le fils n'est pour ce
dernier qu'un instrument d'acquisition. C'est ce que dit
Gaïus : *Adquiritur nobis non solum per nosmetipsos,
sed etiam per eos quos in potestate, manu, mancipiove
habemus.* Nous acquérons non-seulement par nous-
mêmes, mais encore par ceux que nous avons sous notre
puissance. (II, § 86.) Justinien reproduit ce passage de
Gaïus, mais en supprimant les mots *manu mancipiove*,
qui rappellent des institutions abrogées. (Instit. II,
9, pr.) Se trouvaient en puissance, *in potestate*, les
enfants et les esclaves. Nous n'avons à nous occuper ici
que des premiers.

De ce qu'en droit civil, la personnalité du fils ne
comptait pas, et que le fils n'était qu'un instrument
d'acquisition, il en résultait que la stipulation faite par
le père pour le fils lui profitait à lui-même, et non au
fils. La stipulation que fait le fils est valable; mais à qui
profite-t-elle? au père. Et il en est ainsi alors que le fils
aurait stipulé soit pour lui-même, soit pour le père, soit

pour un frère soumis à la même puissance, soit pour un esclave de son père, soit enfin pour le père lui-même, parce que le père seul peut être *dominus*, et qu'il acquiert par tous ceux qui sont en sa puissance.

Le fils de famille ne pouvait donc rien posséder tant qu'il était soumis à la puissance paternelle. L'émancipation seule, en le rendant *sui juris*, pouvait lui permettre de devenir chef de famille à son tour, pendant la vie du *paterfamilias*. Toutefois il s'établit d'assez bonne heure l'usage de confier à son fils (ce qui, du reste, se faisait également à l'égard de l'esclave), une certaine quantité de biens qui formaient le pécule dit *profectice*, ainsi appelé par les commentateurs parce qu'il venait du père, *peculium a patre profectum*.

Ce pécule profectice formait une sorte de patrimoine distinct, dont la propriété continuait d'appartenir au père, qui pouvait le reprendre quand bon lui semblait, mais dont il laissait à son fils l'administration.

Il comprenait ou était susceptible de comprendre des objets et valeurs de toute sorte, des immeubles, des meubles, des esclaves, des sommes d'argent, des créances et des dettes ; il pouvait augmenter ou diminuer, à l'insu du père, selon que l'administration du fils était plus ou moins prospère : le fils, stipulant pour le pécule, l'augmentait ; les esclaves du pécule acquéraient également pour le pécule, soit en stipulant, soit en recueillant les hérédités qui leur étaient déférées.

Le fils de famille avait, sur son pécule profectice, un pouvoir très-large d'administration ; il pouvait l'employer à faire le commerce soit de terre, soit de mer, et alors il pouvait faire tous les actes qui y étaient relatifs, mais, dans tous les cas, il fallait qu'ils fussent conformes à la destination vraisemblable du pécule. Ainsi le fils ne peut en disposer par donation, ni par testament, ni par donation à cause de mort ; il ne peut le compromettre par le jeu, il ne peut affranchir un esclave qui en fait partie qu'avec le consentement du père, et dans cette dernière hypothèse, l'esclave affranchi a pour patron non pas le fils, mais le père. Tous ces actes sont interdits au fils de famille parce qu'ils sont contraires à la destination du pécule.

En revanche, tous les actes qui rentrent dans le pouvoir d'administration, et sans lesquels la gestion ne serait ni libre ni fructueuse, sont permis au fils de famille, comme ils le sont à une personne *sui juris* : tels sont l'achat, la vente, la stipulation, la novation, le pacte *de non petendo*, pourvu qu'il ne déguise pas une donation. Le fils peut devenir débiteur, cautionner soit un étranger, soit même son père, donner et recevoir un mandat, contracter une société, prêter de l'argént, recevoir un payement, emprunter, mais seulement dans les limites du sénatus-consulte Macédonien. Il peut faire une délégation, donner un gage ou une hypothèque, mais seulement aux créanciers du pécule. La fille de famille, munie d'un pécule, peut constituer en dot des valeurs qui en proviennent, et en cas de divorce, reprendre la dot, sans avoir besoin du concours de son père. (Loi 24, *De jure dotium*, Dig., 23, 3.)

Lorsque l'administration du pécule donne lieu à quelque litige, le fils de famille peut faire un compromis, déférer ou prêter le serment hors de toute instance ; mais là s'arrête son pouvoir. Il ne peut pas, sans le consente-

ment du père, ester en justice, puisqu'il n'est pas propriétaire, et que la formule d'action suppose nécessairement que le demandeur est propriétaire de la chose
qu'il revendique.

Mais, en dehors de ce cas, et si nous supposons un
procès dans lequel la personnalité du fils est plus directement engagée, il pourra ester lui-même en justice. En
principe, le fils n'a aucune action, *filius suo nomine
nullam actionem habet*, dit Paul (loi 9, *De obligationibus
et actionibus*, Dig. 44, 7), mais il ajoute immédiatement
des restrictions : « Si ce n'est, dit-il, les actions *inju-
» riarum, quod vi aut clam, depositi, commodati* : comme
» le pense Julien. »

En droit strict, le créancier du pécule ne pouvait re-
courir contre le père de famille ; mais le préteur lui
donna une action *de peculio*, au moyen de laquelle il
pouvait poursuivre le père de famille jusqu'à concurrence de la valeur du pécule.

Cette action *de peculio* n'est point une action distincte,
ce n'est qu'une modification de l'action du contrat spécial sur lequel se base la demande ; ainsi il y a l'action
empti de peculio, l'action *depositi de peculio*, etc.

Pour les obligations du fils de famille qui proviennent
de délits ou de quasi-délits, le créancier ne peut ac-
tionner le père sur les valeurs du pécule, mais il peut,
en dirigeant contre le père une action noxale, l'obliger
à payer ou à faire l'abandon de son fils. Dans le Bas-
Empire, l'abandon noxal tomba en désuétude, et Justinien l'abolit formellement. Mais le créancier put toujours obtenir condamnation contre le fils lui-même, la

condamnation opérait novation, et par l'action *judicati*
il avait accès sur les valeurs du pécule.

Si le père avait profité personnellement de l'acte du
fils qui le constituait débiteur envers une autre personne,
le créancier pouvait intenter contre le père l'action *de
in rem verso*, par laquelle il réclamait du père tout ce
qui lui avait profité. Ordinairement, cette action est
jointe à l'action *de peculio*, et il semble alors n'y avoir
qu'une seule action *quæ habet duas condemnationes*.
Mais elles n'en sont pas moins distinctes, et l'une pourra
être plus utile que l'autre, suivant les cas.

Le père peut encore être soumis à une autre action à
raison du pécule. Lorsque les valeurs du pécule ont été
employées à un commerce, *sciente patre*, les créanciers
commerciaux et le père, s'il lui est dû quelque chose,
sont appelés par le préteur à partager proportionnelle-
ment le pécule et les bénéfices. C'est le père qui procède à ce partage, et si les créanciers pensent que la
répartition n'est pas faite convenablement, ils peuvent,
par l'action *tributoria*, demander le complément de ce
qui doit leur revenir.

Le fils, avons-nous dit, n'a que l'administration du
pécule profectice; la propriété reste au chef de famille.
Ce dernier a, par conséquent, le droit de retirer au fils,
quand il lui plaît, cette jouissance précaire, pourvu toutefois qu'il n'y ait pas fraude pour les créanciers.

Dans tous les cas, que le pécule s'éteigne soit par la
volonté du père, soit par l'émancipation du fils ou par
les dignités sacerdotales dont il est revêtu (et dans ces
deux derniers cas, il entre dans le patrimoine du fils, si
on ne le lui retire pas expressément), les créanciers du

pécule ont, en vertu de l'édit du préteur, une action *de peculio* annale, dirigée, suivant les cas, contre le père, le fisc, ou le légataire étranger du pécule (loi 1, § 4, *quando de peculio actio annalis est*, Dig. 15, 2 ; — loi 9, § 8, *De interrogationibus in jure*, Dig. 11, 1.) Il leur reste enfin la ressource de l'action *de in rem verso*, qu'ils peuvent intenter contre le père, même après le délai d'un an, s'il a profité de l'acte du fils.

Jusqu'à présent, nous n'avons pas vu le fils de famille propriétaire, ou capable de disposer : le pécule profectice, en effet, reste en toute propriété au père, qui conserve le droit de disposition.

Nous n'allons donc entrer dans notre sujet qu'avec les *pécules castrense, quasi-castrense*, et *adventice*, qui, eux, appartiennent au fils en propriété. Ils vont faire chacun l'objet d'un chapitre spécial.

CHAPITRE PREMIER

DU PÉCULE CASTRENSE

Nous avons dit plus haut combien était rigoureuse la puissance du père ; nous avons vu que toutes les acquisitions faites par le fils de famille venaient se confondre dans le patrimoine du *paterfamilias*, despote domestique, souverain et omnipotent, dont la personnalité absorbait celle des fils et des esclaves qu'il avait sous sa puissance, et de sa femme lorsqu'elle était *in manu mariti*.

Le fils de famille ne pouvait rien posséder en propre, et le pécule profectice, composé de biens appartenant au père, que celui-ci lui confiait afin de les administrer et de les gérer, était en quelque sorte un premier pas fait vers un système plus libéral.

Au commencement de l'empire, deux priviléges, réservés aux soldats, naissent et grandissent ensemble : le privilége *de testamento militis* et le *pécule castrense*.

Cette armée, qui avait détruit la République, en élevant les Césars au pouvoir, demandait, en retour de son dévouement, de l'argent d'abord, puis des faveurs particulières, des priviléges qui la missent au-dessus du droit commun. Chaque empereur s'était servi d'elle pour renverser son prédécesseur et prendre sa place. Arrivé à l'empire, il était obligé de la récompenser au moyen du *donativum*, et essayait de se l'attacher, dans l'espoir d'éviter les désagréments d'une déchéance. « Gardien naturel des intérêts de l'armée, » il voulait assurer « l'existence d'hommes dont il avait pu appré- » cier les services et le dévouement. »

L'institution du pécule castrense, et la permission de tester autrement que dans les formes rigoureuses du droit commun, répondirent à ces préoccupations.

C'est là le véritable motif de cette exemption du droit commun, déguisé, il est vrai, en ce qui concerne le testament, sous une autre raison, à savoir l'ignorance du soldat : *simplicitati eorum consulendum existimavi,* dit un rescrit impérial, *faciant igitur testamenta quomodo volent; faciant quomodo poterint : sufficiatque ad bonorum suorum divisionem faciendam nuda voluntas testatoris.* (Loi 1, pr., *De testamento militis.* Dig. 29, 1, fr. Ulpien.)

Le pécule castrense doit être, avons-nous dit, contemporain du privilége *de testamento militis.* Or, si nous consultons Ulpien (loi 1, pr., Dig. *eod. tit.*), nous voyons que ce privilége a été accordé d'abord par César, mais que cette faveur était temporaire ; que Titus, le premier, en fit l'objet d'une concession définitive, et après lui, Domitien, puis Nerva, puis Trajan. Adrien assimila, en ce qui concerne le pécule castrense, aux militaires sous les armes, les fils de famille qui avaient obtenu un congé honorable, *missionem honestam, vel causariam.*

Dans un autre endroit (*Regul.*, tit. 20, § 10), Ulpien indique, comme fondateur du pécule castrense, non plus César, mais Auguste : *divus Augustus [Marcus] constituit, ut filiusfamiliæ miles de eo peculio quod in castris adquisivit, testamentum facere possit.* Quant au mot *Marcus*, les interprètes pensent que c'est là une interpolation d'un copiste maladroit. Justinien dit aussi que la création du pécule castrense est due à Auguste, à Nerva et à Trajan : *tam ex auctoritate divi Augusti quam Nervæ, necnon optimi imperatoris Trajani.*

L'établissement du pécule castrense fit des soldats une classe à part, affranchie des règles communes imposées au reste des citoyens. Ce fut une première brèche faite à l'autorité absolue du père de famille, puisque désormais, au lieu de l'unité de personne civile, il put y avoir, en face du *parens*, un autre *paterfamilias*, pour ainsi dire, maître de son pécule, libre de le vendre, de le donner, d'en disposer par testament où et comme il lui plaisait.

Il en résultait une sorte d'émancipation qui fit autant de propriétaires que de soldats, et que devaient avidement rechercher les fils de famille, désireux d'être maîtres à leur tour et d'avoir un patrimoine à eux.

Nous allons successivement examiner :

1° Quelle était la composition du pécule castrense ;

2° Quels étaient les droits du fils de famille sur ce pécule ;

3° Quels étaient les droits du père.

SECTION PREMIÈRE

Composition du pécule castrense.

Le pécule castrense, dit Paul (Sent., liv. 3, tit. 4, § 3), comprend les acquisitions faites par le fils à l'armée, *in castris*, et les libéralités qu'il reçoit au moment de son départ : *Castrense peculium est quod in castris adquiritur, vel quod proficiscenti ad militiam datur*.

Cette définition n'est pas complète. Nous allons ajouter ce qui lui manque, au moyen de celle que nous donne Macer (loi 11, *De castrensi peculio*, Dig. 49, 17) : Le pécule castrense, dit-il, comprend les donations faites au soldat par ses père et mère ou autres parents : c'est aussi ce que le fils de famille a acquis comme militaire, et qu'il n'eût pas acquis sans cette qualité de militaire, *quod, nisi militaret, adquisiturus non fuisset*. Car ce qu'il eût également acquis sans être soldat, ajoute-t-il, ne fait point partie de son pécule castrense.

Nous trouvons enfin une autre définition dans un

rescrit de l'empereur Alexandre, ainsi conçu : *Peculio castrensi cedunt res mobiles, quæ eunti in militiam a patre vel a matre aliisve propinquis, vel amicis donatæ sunt : item quæ in castris per occasionem militiæ quæruntur : in quibus sunt etiam hereditates eorum qui non alias noti esse potuerunt, nisi per militiæ occasionem :. etiamsi res immobiles in his erunt.* (Loi 1, *De castrensi peculio*, Cod. 12, 37.)

L'idée générale qui domine la matière est celle-ci : l'acquisition a-t-elle été faite à l'occasion du service militaire, elle entre dans le pécule castrense du fils de famille. Sinon, elle suit le droit commun et va grossir le patrimoine du père. Il faut, en un mot, pour qu'un bien fasse partie de ce pécule, que la cause d'acquisition se rattache au métier des armes, qui permet au fils d'avoir en propriété ce qu'il n'aurait pas acquis s'il n'eût été soldat. Nous allons faire l'application de cette idée, et entrer dans l'énumération des biens qui tombent dans le pécule castrense.

Il faut y placer, en première ligne, ce que le fils de famille acquiert directement à raison de sa qualité de militaire, ce qui comprend :

1° La solde, qui a commencé à être payée aux soldats vers l'an 347 de la fondation de Rome, suivant Tite-Live. Antérieurement, chaque citoyen qui faisait partie de l'armée devait s'équiper lui-même et à ses frais ; ce système ne permettait pas aux armées de rester toute l'année en campagne, obligées qu'elles étaient de rentrer à Rome pour vaquer aux occupations agricoles. Le Sénat, dans le but de pousser plus activement la guerre, ordonna qu'une paye (*stipendium*) serait payée à chaque soldat, à titre d'indemnité. La solde comprenait, en outre, le blé, le vêtement et les armes que l'on fournissait aux soldats ;

2° Les récompenses accordées par les généraux à des actions d'éclat, et qui consistaient en colliers, bracelets, ou piques : ce qui correspondait aux armes d'honneur que l'on distribuait, chez nous, dans les mêmes circonstances, avant l'institution de la Légion d'honneur ;

3° Les distributions d'argent faites à leurs soldats par les généraux qui devaient obtenir les honneurs du triomphe ;

4° La part attribuée à chaque soldat dans le butin pris sur l'ennemi ;

5° Les terrains que l'on assignait quelquefois aux vétérans. Ces distributions de terrains suivaient ordinairement la victoire d'un parti sur l'autre, dans les guerres civiles qui ensanglantèrent Rome et l'Italie, à la fin de la République. Plus tard, on forma, aux frontières de l'Empire, des colonies de vétérans destinées à arrêter les incursions des peuples barbares ; les terrains distribués dans ce but faisaient également partie du pécule castrense ;

6° Le *donativum*, espèce de don de joyeux avénement, offert par l'empereur aux soldats, à son arrivée au pouvoir. Ce don, qui, à l'origine, avait été purement volontaire, finit par devenir obligatoire ; ce ne fut plus que le prix de la couronne impériale, débattu de gré à gré entre le candidat à l'empire et les soldats : l'empire était adjugé au plus offrant et dernier enchérisseur.

Nous avons vu que le jurisconsulte Macer fait entrer dans le pécule castrense les biens donnés au fils de fa-

mille militaire par ses père et mère et autres parents
(loi 11, *De castr. pec.*, Dig. 49. 17). Mais il faut faire une
distinction, car la proposition de ce jurisconsulte est
trop absolue. Nous trouvons cette distinction établie
dans un rescrit d'Alexandre qui forme la loi 4, *familiæ
erciscundæ*, au Cod. 3, 36. Ainsi, le pécule castrense
du fils de famille comprendra, il est vrai, les choses mobilières, susceptibles de tomber dans le pécule, qui lui
auront été données par son père ; mais il n'en est pas
de même des fonds de terre : quoique les immeubles
soient donnés par le père à son fils, au moment de son
départ pour l'armée, ils ne feront pas cependant partie
du pécule. Il en sera différemment des immeubles acquis par le fils à l'occasion du service militaire, *ex occasione militiæ*.

Ainsi, aux termes de ce rescrit, le pécule castrense
comprendra les choses mobilières données par le père à
son fils militaire ; il comprendra également les immeubles acquis par le fils à l'occasion du service. Mais les
immeubles donnés par le père à son fils, à son départ
pour l'armée, resteront en dehors de ce pécule. Quelle
est la raison de cette distinction ? Je crois qu'il faut la
chercher dans l'idée générale que nous avons formulée
précédemment, à savoir que le pécule comprend seulement les acquisitions faites par le fils de famille à l'occasion du service militaire. Or, on peut bien considérer
sous ce point de vue les donations de choses mobilières
faites par le père, parce que ces choses mobilières sont
destinées, dans la pensée du donateur, à être emportées
par le fils à l'armée, dans le but de lui rendre moins pé-
nible la vie des camps. Quant aux immeubles acquis par

lo fils *ex occasione militiæ*, il va de soi, en raison de la cause de leur acquisition, qu'ils fassent partie du pécule. Mais en est-il de même des immeubles donnés par le père à son fils, même *cunti in castra?* En aucune manière ; car il est impossible de leur appliquer les motifs que nous avons donnés à propos de la donation de choses mobilières.

Par suite de la même idée, le soldat doit avoir comme préciput ce qu'il a apporté avec lui à l'armée, du consentement de son père : *Miles præcipua habere debet, quæ tulit secum in castra concedente patre.* (Loi 4, *De castr. pec.*, Dig. 49, 17.) Au contraire, ce que le père donne à son fils, à son retour de l'armée, ne tombe point dans le pécule castrense : c'est un autre pécule, le pécule profectice, comme si le fils n'avait jamais été militaire : *Pater, milite filio reverso, quod donat, castrensis peculii non facit : sed alterius peculii, perinde ac si filius nunquam militasset.* (Loi 15, pr., Dig., *eod. tit.*).

Les donations entre époux étaient prohibées ; pourtant on exceptait de la prohibition celles qui étaient faites *manumissionis causa. Manumissionis gratia, inter virum et uxorem donatio favore libertatis recepta est, vel certe quod nemo ex hac fiat locupletior : ideoque servum, manumittendi causa, invicem sibi donare non prohibentur.* (Paul, Sent., liv. 2, tit. 23, § 2.) Si donc l'on suppose qu'un mari, fils de famille, partant pour l'armée, reçoit de sa femme un esclave, afin de l'affranchir, pourra-t-il l'affranchir de sa propre volonté, et avoir dans son pécule castrense les droits de patronage ? Il faut distinguer. En principe, l'esclave n'entre pas dans le pécule castrense, parce que la cause de la libéralité est seulement l'affection conjugale, et *quia uxor ei non propter militiam nota esset.* (Ulp., loi 6, *De castr. pec.*, Dig. 49, 17.) Mais il en peut être autrement, et il est également permis de supposer que la libéralité faite par l'épouse à son mari a eu pour cause le désir de lui donner pour compagnon un affranchi *habilis ad militiam*, et capable de lui rendre des services, par exemple, comme médecin. Dans ce cas, on peut dire que l'esclave entre dans le pécule, et que le fils de famille peut l'affranchir de sa propre volonté, sans la permission de son père : *Potest dici, sua voluntate, sine patris permissu, manumittentem ad libertatem perducere.* (*Ead. leg.*)

Aux termes d'un rescrit de l'empereur Alexandre (loi 1, *De castr. pec.*, Cod. 12, 37), le pécule castrense comprend toutes les choses mobilières qui sont données au fils, à son départ pour l'armée, par son père, sa mère, ou ses autres parents, ou ses amis ; il comprend également les acquisitions faites à l'occasion du service militaire, et par conséquent les successions déférées au fils de famille par des personnes qu'il n'a pu connaître autrement qu'à l'occasion du service. Il en résulte que l'hérédité de la mère, quoique déférée au fils *in militia*, ne fait point partie du pécule, parce qu'il n'y a point eu *notitia castrensis.*

Mais, en revanche, le pécule comprendra les hérédités déférées au fils de famille militaire par ses compagnons d'armes : *Miles filiusfamilias a commilitone, vel ab eo quem per militiam cognovit, heres institutus, et citra jussum patris, suo arbitrio recte pro herede geret.* (Loi 5, Dig., cod. tit.)

Le pouvoir exagéré du père de famille avait produit

une réaction, en sens contraire, au sein de la doctrine, et les jurisconsultes se montraient fort disposés à accroître le pécule castrense du fils de famille, dans le but de faire brèche à l'autorité du père. Une succession déférée à un fils par son compagnon d'armes entrait dans le pécule castrense, parce que c'était aux camps que s'était formée leur liaison. Mais il était possible que le testateur et l'héritier institué se connussent déjà avant de se rencontrer à l'armée : dans cette hypothèse, les jurisconsultes n'en faisaient pas moins entrer l'hérédité dans le pécule castrense du fils institué héritier, quoique l'affection *castrensis* ne fût plus la seule cause de la libéralité. Ils n'osaient pourtant pas aller trop loin dans cette voie, et nous allons voir à quelles distinctions ils avaient recours.

Scévola, dit Tryphoninus (loi 19 pr., Dig., *cod. tit.*), avait des doutes sur la succession déférée à un militaire par un de ses agnats, qui était en même temps son compagnon d'armes : car si cet agnat avait pu instituer héritier le militaire, comme étant connu de lui, et son ami avant même qu'il entrât au service, il aurait pu aussi ne pas l'instituer, si les rapports d'état n'eussent pas augmenté son attachement pour lui. Nous pensons, ajoute le jurisconsulte, que si le testament a été fait avant que ces deux parents fussent compagnons d'armes, la succession dont il s'agit ne fait pas partie du pécule castrense ; mais il en est autrement si le testament est postérieur.

Nous trouvons la même décision dans un rescrit de l'empereur Gordien, qui forme la loi 4, *De castrensi peculio*, Cod. 12, 37. Un fils de famille avait été institué

héritier par son frère, dont il était le compagnon
d'armes. Il est juste, dit l'empereur, que cette succession tombe dans le pécule castrense, plutôt que dans
le patrimoine du père, sous la puissance duquel se trouve
l'héritier; car il y a tout lieu de croire que cette communauté de travaux et de fatigues, que cette associa-
tion des deux frères aux mêmes dangers n'a pas été sans
augmenter leur affection fraternelle et sans ajouter à
leur tendresse réciproque.

Les observations faites plus haut expliquent cette
décision contraire de Papinien : Si un militaire, servant
dans une autre province que son cousin germain, a
institué pour son héritier ce cousin avec lequel il n'a
jamais fait la guerre, cette succession ne fait point
partie du pécule castrense de celui auquel elle a été
déférée. Car ce qui a donné lieu à la libéralité, ce n'est
pas une liaison formée à l'occasion du service militaire,
mais simplement une raison de parenté : *Sanguinis
etenim ratio, non militiæ causa, meritum hereditatis
accipiendæ præbuerat.* (Loi 16, § 1, *De castr. pec.*, **Dig.**)

C'est donc uniquement l'intention réelle du disposant,
c'est seulement la cause véritable de la libéralité qu'il
faut examiner pour savoir si la donation ou l'institution
d'héritier ira, ou non, augmenter le pécule castrense.
En vain le testateur aura-t-il voulu, par les termes qu'il
a employés, donner le change sur sa volonté véritable ;
en vain aura-t-il dit qu'il veut que les biens donnés
fassent partie de ce pécule : s'il est manifeste que la
cause réelle de la libéralité n'est pas une affection née à
l'occasion du service militaire, cette libéralité n'accroî-
tra pas le pécule castrense, elle suivra le droit commun.

C'est ce qui résulte expressément d'un fragment d'Ulpien, qui forme la loi 8, Dig., *eod. tit.*, ainsi conçu : *Si forte uxor vel cognatus, vel quis alius,* NON EX CASTRIS NOTUS, *filiofamilias donaverit quid, vel legaverit, et expresserit nominatim,* UT IN CASTRENSI PECULIO HABEAT : *an possit castrensi peculio adgregari ? Et non puto. Veritatem enim spectamus, an vero castrensis notitia vel affectio fuit, non quod quis finxit.*

Les jurisconsultes, en effet, avaient beau vouloir favoriser le fils de famille, et étendre le plus possible cette sorte d'émancipation, qui résultait d'une propriété spéciale, placée en dehors de l'autorité paternelle, ils ne pouvaient ou n'osaient pas aller jusqu'à heurter de front cette antique institution de la *patria potestas*, qui remontait aux premiers temps de la République. Le service militaire, quoiqu'il conférât le privilége du pécule castrense, n'exemptait cependant pas de la puissance paternelle. *Manent enim nihilominus milites in potestate parentum*, dit un rescrit de l'empereur Alexandre (loi 3, *De castr. pec.* Cod.). Tous ses effets consistaient à rendre le fils propriétaire de ce pécule, et à lui créer à ce point de vue une personnalité indépendante de celle du père de famille : *Sed peculium castrense proprium habent : nec in eo ullum jus patris est.* (*Ead. leg.*)

Les fragments des jurisconsultes Ulpien (loi 8, *De castr. pec.*, Dig.) et Papinien (lois 13 et 16 pr., *eod. tit.*) font naître une difficulté.

Ulpien (loi 8, *eod. tit.*) est d'avis que le don ou le legs fait à un fils de famille militaire par sa femme n'entre pas dans le pécule castrense : *Si forte uxor...*

*filiofamilias donaverit quid vel legaverit... an possit cas-
trensi peculio adgregari? Et non puto.*

Papinien donne une décision inverse dans la loi 13,
eod. tit. D'après un rescrit d'Adrien, dit-il, le fils de
famille, institué héritier par sa femme, pendant qu'il
était au service, a pu accepter de lui-même cette succession, et devenir le patron des esclaves héréditaires
qu'il a affranchis : *Divus Hadrianus rescripsit in eo,
quem militantem uxor heredem instituerat, filium extitisse heredem, et ab eo servos hereditarios manumissos,
proprios ejus libertos fieri.*

Papinien lui-même confirme cette opinion dans un
autre fragment, lib. 19 *Responsorum,* qui forme la
loi 16, pr. *De castr. pec.*, Dig. En effet, après avoir dit
que la dot donnée ou promise au fils de famille militaire ne fait point partie de son pécule castrense, il
ajoute que cette décision n'est pas en contradiction avec
le rescrit d'Adrien, aux termes duquel le fils de famille militaire peut accepter de sa propre volonté la
succession qui lui est déférée par sa femme, et posséder cette succession comme faisant partie de son pécule
castrense : *Nec ea res contraria videbitur ei, quod divi
Hadriani temporibus filiumfamilias militem uxori
heredem extitisse placuit, et hereditatem in castrense
peculium habuisse;* car une hérédité est un bien adventice, tandis que la dot, inhérente au mariage, est consacrée à en acquitter les charges et à élever les enfants
communs, qui se trouvent dans la famille de leur aïeul.

Il y a donc contradiction entre les décisions d'Ulpien
et de Papinien. Plusieurs conciliations ont été proposées. Mais, quelle que soit celle qu'on adopte, la règle

générale se trouve toujours dans la loi 8 d'Ulpien, la décision de Papinien, d'après le rescrit d'Adrien, n'étant qu'une exception. Ainsi, d'après une opinion, la solution contenue dans le rescrit d'Adrien aurait été une décision de faveur rendue, contrairement aux principes, au profit d'un fils de famille se trouvant dans des circonstances spéciales, l'expression *militantem* indiquant un soldat en activité de service.

On a dit aussi que les hypothèses prévues par les deux textes n'étaient pas absolument identiques ; que le rescrit d'Adrien faisait entrer dans le pécule castrense du fils de famille militaire l'hérédité qui lui était déférée par sa femme, mais que, précisément, Adrien ne statuant que sur la dévolution d'une hérédité entière, et Ulpien ne prévoyant que le cas où la femme n'aurait fait à son mari qu'un simple legs, Ulpien avait reculé devant l'extension du rescrit à cette hypothèse particulière, et était resté dans la règle générale. Une pareille timidité ne se comprendrait guère de la part d'Ulpien, le plus novateur des jurisconsultes romains, et le plus enclin à laisser de côté toute distinction trop subtile.

Enfin, d'après Cujas et Pothier, les deux textes se concilient de la manière suivante :

Les lois *Julia* et *Papia Poppœa*, portées sous Auguste, lequel avait la prétention de réformer les mœurs à coups de décrets, devaient, dans sa pensée, arrêter la dépravation sans cesse croissante, et augmenter la population. Dans ce but, elles frappaient de certaines déchéances les célibataires, et les personnes mariées qui n'avaient pas d'enfants; une disposition notamment défendait à la femme stérile de laisser à son mari plus

du dixième de sa succession : on voulait ainsi la punir
de n'avoir pas eu d'enfant. L'empereur Adrien avait affranchi les militaires de l'application de cette déchéance.
Dès lors, nous pouvons admettre que Papinien, aux lois
13 et 16 pr. de notre titre, se place dans l'hypothèse
où une femme stérile a institué héritier son mari militaire. Or, sans sa qualité de militaire, qui le met au-
dessus du droit commun, ce dernier ne pourrait recueillir
l'intégralité de la succession. S'il la recueille, c'est donc
uniquement *ex occasione militiæ*; et, par conséquent, en
vertu des principes que nous avons posés précédemment,
cette hérédité tombera dans le pécule castrense. Ulpien,
au contraire (loi 8 *nost. tit.*), reste dans le droit commun;
il suppose une femme qui a des enfants et qui peut
laisser à son mari, quelle que soit la qualité de ce dernier, l'intégralité de sa succession. Le mari la recueille,
indépendamment de sa qualité de militaire; il ne la recueille donc pas *ex occasione militiæ*. Dès lors elle ne
doit pas faire partie du pécule castrense.

De ce même fragment de Papinien (loi 16 pr., *eod.
tit.* Dig.), il résulte que la dot donnée ou promise au
fils de famille n'entre pas dans le pécule castrense. Le
jurisconsulte explique lui-même et justifie cette décision,
en rappelant que la dot est destinée à subvenir aux
charges du mariage, et à élever les enfants communs,
qui se trouvent dans la famille de l'aïeul. Ils se trouvent
sous la puissance de leur aïeul, c'est lui qui doit les
élever; il est donc juste que la dot ne fasse pas partie du
pécule castrense du fils, mais qu'elle tombe dans le
patrimoine de son père, chef de la famille.

La loi 3, Dig., *eod. tit.*, nous offre l'application du

principe que les acquisitions faites par le fils de famille
à l'occasion du service militaire entrent dans le pécule
castrense. C'est un fragment d'Ulpien, *ad legem Juliam
et Papiam, lib.* 8, aux termes duquel, si une femme a
laissé au fils de son mari de l'argent pour acheter des
effets d'équipement, les effets achetés par le fils font
partie du pécule castrense : *Si mulier filio viri militi ad
castrenses vel militares forte res comparandas reliquerit
pecuniam, utique castrensi peculio ea quæ comparantur,
adnumerari incipiunt.*

Le père a l'usufruit d'un esclave dont la nue-propriété appartient au pécule castrense de son fils ; si le
père de famille vient à perdre son usufruit, le fils aura
alors la pleine propriété de l'esclave (loi 15, § 4, *De castr.
pec.*, Dig.). C'est l'application des règles ordinaires de
l'usufruit.

D'après la loi 15, § 3, *De castr. pec.*, Dig., le pécule
castrense s'augmente des acquisitions, faites par un esclave qui fait partie de ce pécule, quelle que soit la cause
de ces acquisitions : la stipulation faite par l'esclave, la
chose qu'il reçoit par tradition profitent au pécule castrense. L'esclave en effet ne joue pas, comme le fils, un
double rôle : le fils est en même temps père de famille
au regard de son pécule castrense, et pour savoir si les
acquisitions qu'il fait profitent à son père, ou lui profitent à lui-même, il faut distinguer en quelle qualité il
les fait. L'esclave, au contraire, ne joue qu'un seul
rôle ; appartient-il au pécule castrense du fils, il est
complétement indépendant du père de famille, à tel
point qu'il peut stipuler ou recevoir par tradition du père
de famille lui-même, dans l'intérêt du pécule castrense.

Nous trouvons l'application de la même idée dans la loi 18 Dig., *eod. tit.* (fragm. de Mœcianus, lib. 1, *Fideicommissorum*); cet esclave peut être institué héritier par le père de famille, et, par là, rend le fils héritier nécessaire de son père. *Ex castrensi peculio servus a patre heres institui potest, et filium necessarium heredem patri facit.* Si nous supposions, au contraire, que cet esclave fait partie, non plus du pécule castrense, mais du pécule profectice, comme alors il ne cesse pas d'appartenir au père de famille, l'effet de l'institution serait de le rendre lui-même libre et héritier nécessaire.

Enfin, l'esclave faisant partie du pécule castrense peut être institué par un étranger ; il doit faire adition sur l'ordre du fils, et l'hérédité tombe dans le pécule. *Sed si servus peculii castrensis a quocumque sit heres scriptus, jussu militis adire debet hereditatem : eaque fiet bonorum castrensis peculii.* (Tryphoninus, loi 19, § 1, *De castr. pec.*, Dig. 49, 17.)

Les constitutions impériales, insérées au Code de Justinien, ne prévoient que le cas où, à son entrée au service, le militaire était encore fils de famille. Mais il pouvait être à ce moment *sui juris*, et redevenir plus tard, soit pendant le service, soit après, *alieni juris*, et *filiusfamilias*, par une adrogation. Le jurisconsulte Tertullien, *lib. singulari de castr. pec.*, décidait que, même dans cette hypothèse, les biens que ce militaire avait acquis à l'occasion du service, et qui lui auraient formé un pécule castrense s'il avait été fils de famille, lui restent propres, comme pécule castrense rétroactif. (Loi 4, § 1, Dig., *eod. tit.*)

Droits du fils sur le pécule castrense.

Relativement à son pécule castrense, le fils est considéré comme un *paterfamilias* : « ..... *cum filiifamilias in castrensi peculio vice patrumfamilias fungantur.* » (Ulpien, loi 2, *De senatus-consulto Macedoniano*, Dig.) Ce qui ne l'empêche pas de rester soumis au droit commun pour tout ce qui est en dehors du pécule. Mais attachons-nous seulement à sa qualité de possesseur d'un pécule castrense, et voyons à quels résultats conduit ce privilége.

Le fils de famille est maître absolu de son pécule castrense, aussi maître que le *paterfamilias* l'est sur son patrimoine ; il peut par conséquent l'administrer librement, en disposer à titre onéreux ou gratuit, par donation entre vifs ou par testament. Seulement, s'il meurt intestat, il n'a pas d'héritiers, et le pécule est, en l'absence de testament, déféré au père, *non quasi hereditas, sed quasi peculium.* (Ulpien, loi 2, *De castr.*, *pec.*, Dig. 49, 17).

Cette omnipotence du fils de famille sur le pécule castrense lui donne, même malgré son père, le droit d'action et de poursuite pour les choses qui forment le pécule. *Actionem persecutionemque castrensium rerum semper filius etiam invito patre habet.* (Tertullien, loi 4, § 1, Dig., *eod. tit.*)

Il n'a pas besoin de l'ordre ou du consentement de son père pour faire adition d'une hérédité qui lui est déférée par l'un de ses compagnons d'armes. (Loi 5, Dig., *eod. tit.*)

Comme il peut disposer à son gré, même à titre gratuit, des choses qui composent son pécule castrense, il peut affranchir seul un esclave qui en fait partie, et acquérir pour lui-même les droits de patronage.

La distinction des deux personnalités du fils qui a un pécule castrense ne se fait pas mieux sentir que lorsqu'il s'agit d'appliquer le sénatus-consulte Macédonien.

Aux termes de ce sénatus-consulte, rendu sous le principat de Claude (Tacite, *Annales*, liv. XI, ch. 13), puis confirmé sous Vespasien, les usuriers qui prêtent de l'argent aux fils de famille n'ont point d'action pour se faire rembourser le montant du prêt, soit pendant que l'emprunteur reste fils de famille, soit même après qu'il est devenu *sui juris* par la mort de son père. Supposons donc maintenant qu'il s'agisse d'un fils de famille possesseur d'un pécule castrense. Comme ce fils de famille, ainsi que nous l'avons dit plus haut, a une double personnalité, qu'il est considéré comme un véritable *paterfamilias* vis-à-vis de ce pécule, il en résulte que s'il emprunte de l'argent, le prêt sera efficace, et le préteur pourra se faire rembourser sur les valeurs qui composent le pécule, sans que le fils puisse opposer l'exception du sénatus-consulte. Ainsi, ce sénatus-consulte, à l'application duquel, selon Ulpien, rien ne fait obstacle, ni les fonctions publiques que remplit le fils de famille, ni la dignité de consul elle-même, reste sans effet lorsque le fils a un pécule castrense « ... *nisi forte castrense peculium habeat : tunc enim senatus-consultum cessabit.* » (Ulpien, loi 1, § 3, *de sc° Maced.*, Dig. 14, 6).

Cette décision du jurisconsulte Ulpien est confirmée par une constitution de Justinien, où il est dit : *Sin autem miles filiusfamilias pecuniam creditam acceperit, sive sine mandato, sive consensu, vel voluntate, vel ratihabitione patris, stare oportet contractum : nulla differentia introducenda, ob quam causam pecuniæ creditæ, vel ubi consumptæ sint ? In pluribus enim juris articulis filiifamilias milites non absimiles videntur hominibus, qui sui juris sunt : et ex præsumptione omnis miles non creditur in aliud quicquam pecuniam accipere et expendere, nisi in causas castrenses.* (Loi 7, § 1, *ad senatus-consultum Maced.*, Cod. 4, 28.)

Lorsque le fils de famille a un pécule castrense, on écarte donc l'application du sénatus-consulte Macédonien, sans distinguer d'ailleurs entre les créanciers du pécule et les autres ; tous les créanciers du fils, quels qu'ils soient, ont pour garantie les valeurs du pécule. C'est ainsi que la femme peut, après la dissolution du mariage, poursuivre la restitution de sa dot sur le pécule castrense de son mari, ce qui n'est que l'application d'une règle générale, puisque, dit Ulpien, le mari est tenu de se libérer avec ce pécule même envers ceux qui ne sont pas *creditores castrenses : quia etiam non castrensibus creditoribus ex eo peculio, magis est, eum cogi respondere.* (Loi 7, *De castr. pec.*, Dig. 49, 17.)

Le pécule castrense est donc le gage de tous les créanciers du fils de famille. Seulement, supposons-le insuffisant pour les désintéresser tous, admettrons-nous tous les créanciers au marc le franc, ou bien accorderons-nous aux créanciers castrenses une préférence sur les créanciers qui auront contracté avec le fils de famille

avant son entrée au service ? Ulpien nous donne la solution. Les créanciers castrenses seront désintéressés les
premiers sur les valeurs du pécule, et si le père a profité
de l'obligation contractée par son fils, le créancier de cette
obligation ne pourra venir sur le pécule castrense ; on
le renverra à se pourvoir contre le père par l'action *de
in rem verso :* « .... *Qui ante (quam militaret filiusfamilias, cum eo) contraxerunt, si bona castrensia distrahan-
tur, non possunt venire cum castrensibus creditoribus.
Item si quid in rem patris versum est, forte poterit et
creditori contradici, ne castrense peculium inquietet,
cum possit potius cum patre experiri.* » (Ulp., loi 1, § 9,
De separationibus, Dig. 42, 6.)

De ce que le fils est, relativement à son pécule castrense, un véritable *paterfamilias,* il en résulte qu'il
peut faire sur son pécule tout acte que peut faire un individu *sui juris;* il peut, notamment, stipuler de toute
personne, même de son père, puisque, à ce point de
vue, cesse l'unité de personne qui de droit commun fait
obstacle à tout acte entre le père et le fils. *Si stipu-
lanti filio spondeat (pater), si quidem ex causa peculii
castrensis, tenebit stipulatio : cæterum ex qualibet alia
causa non tenebit.* (Papinien, loi 15, § 1, *De castr. pec.,*
Dig. 49, 17.) La même distinction doit être faite, ajoute
le jurisconsulte, si c'est le père qui stipule du fils.

Entre le père et le fils, quand il s'agit du pécule castrense, tout contrat est donc possible (*sic :* Ulpien, loi 2
pr. *De contrahenda emptione,* Dig. 18, 1); il y a alors en
présence deux *patresfamilias,* indépendants. Et si un
contrat est possible entre eux, un procès l'est également
dans ces conditions ; c'est ce que dit Gaius, *lib.* 1, *ad*

3

Edictum provinciale : *Lis nulla nobis esse potest cum eo quem in potestate habemus; nisi ex castrensi peculio.* (Loi 4, *De judiciis*, Dig. 5, 1.) Une condition sans doute est nécessaire, c'est la permission du magistrat, qui l'accorde *causa cognita*. (Ulpien, loi 8, *De in jus vocando*. Dig. 2, 4.)

Voici une espèce, rapportée par Papinien, *lib.* 9 *Responsorum* (loi 23, § 2, *De fideicommissariis libertatibus*, Dig. 40, 5), qui montre jusqu'à quel point le fils était considéré comme propriétaire de son pécule castrense. Un père de famille, qui a deux fils, l'un *miles*, l'autre *paganus*, meurt intestat ; seulement il les charge tous les deux par fidéicommis d'affranchir un esclave qu'il avait donné à son fils *miles*, à son départ pour l'armée, et qui était entré dans le pécule. L'esclave sera affranchi, mais par qui ? par le *miles* seul, parce que c'est lui qui est propriétaire, et, dès lors, son frère *paganus* n'aura à lui rembourser aucune indemnité pour sa part dans l'affranchissement : *Portionem enim a fratre domino (milite) fratrem eumdemque coheredem citra damnum voluntatis redimere non cogendum... , cum peculium castrense filius etiam inter legitimos heredes præcipuum retineat.*

Le fils de famille militaire, je le répète, est donc considéréré comme un véritable *paterfamilias* vis-à-vis de ses biens castrenses. La plus importante prérogative qui lui fut concédée fut celle d'en pouvoir disposer par testament.

Nous ne pouvons plus guère aujourd'hui nous faire une idée de l'importance que les Romains attachaient à leur testament. Le père de famille était heureux de se

survivre, en quelque sorte, dans son héritier testamentaire, continuateur de sa personne ; outre le désir de
faire acte d'autorité sur son patrimoine pour le temps
qui doit suivre sa mort, le testateur voulait encore assurer la continuation du culte domestique, des sacrifices
privés, *sacra privata*, offerts aux dieux particuliers de la
famille.

Mais le caractère même du testament était un obstacle à ce que la faculté de tester fût accordée aux personnes *alieni juris*. Les fils de famille ne pouvaient donc
laisser de testament ; et il a fallu la bienveillance inté-
ressée des empereurs pour déroger, en faveur des militaires, à la règle générale. Il n'est pas permis à tout le
monde, dit Justinien (*Institutes*, liv. 2, tit. 12, pr.), de
faire un testament. Et d'abord, ceux qui sont soumis à
la puissance d'autrui n'en ont pas le droit, à tel point
que, même avec le consentement du père de famille,
ils ne pourraient légalement tester. Il faut excepter,
continue-t-il, les fils de famille militaires, auxquels les
constitutions impériales ont permis de disposer par
testament de ce qu'ils avaient acquis dans les camps.
Ce droit, accordé successivement par Auguste, Nerva
et Trajan, ne le fut d'abord qu'en faveur des militaires
en activité de service ; plus tard, Adrien l'étendit à ceux
qui avaient reçu leur congé, c'est-à-dire aux vétérans.
Si donc ils ont disposé par testament de leur pécule
castrense, ce pécule appartiendra à l'héritier qu'ils auront institué. *Itaque si quod fecerint de castrensi peculio
testamentum, pertinebit hoc ad eum quem heredem reliquerint.*

C'est là l'intérêt le plus saillant, l'utilité la plus con-

sidérable do cette fiction qui consistait à considérer lo
fils de famille militaire comme *paterfamilias* à l'égard
de son pécule. C'était déjà beaucoup que de lui accorder la permission de faire son testament ; les empereurs
ne s'arrêtèrent pas en si beau chemin, ils étendirent
encore leur faveur, ils mirent les militaires, comme
nous l'avons dit, au-dessus du droit commun, en leur
accordant le privilége *de militari testamento*, qui entraînait les conséquences suivantes :

Les formes rigoureuses exigées par le droit commun
pour la validité du testament ne sont pas nécessaires
pour celui que fait un militaire en activité de service ;
en effet, disent les Institutes (liv. 2, tit. 11, pr.), bien
qu'il n'ait employé ni le nombre légal des témoins ni
toute autre solennité requise, son testament n'en est
pas moins valable, mais seulement pendant la durée de
l'expédition. De quelque manière que la volonté du
militaire soit manifestée, par écrit ou sans écrit, le
testament est valable par l'effet seul de cette volonté.
*Quoquo enim modo voluntas ejus suprema sive scripta
inveniatur, sive sine scriptura, valet testamentum ex
voluntate ejus.* La seule volonté, bien manifestée, suffit
donc pour la validité du testament militaire. Ce testament ainsi fait, sans les formes du droit commun, ne
vaut que pendant la durée de la campagne, et pendant
l'année qui suit. Après l'année, il doit être refait dans
les formes ordinaires.

Quant à la cause de cette dispense du droit commun,
que Justinien attribue à l'excessive ignorance du soldat, *propter nimiam imperitiam*, nous savons ce qu'il
en faut croire, aussi bien que de la *simplicitas* mise en

avant par la loi 1, *De testam. militis*, Dig. Ce n'est pas autre chose qu'un de ces mensonges officiels qui s'étalent dans les considérants d'un rescrit impérial, et cela pour faire passer le dispositif.

Maintenant, ce privilége *de testamento militari* ne portait pas seulement sur une question de forme, ce qui déjà était très-grave ; il avait, en outre, pour objet de modifier profondément la *factio testamenti*, en l'étendant. Toutes les règles du droit commun sont renversées ou laissées de côté. Un militaire, quoique fils de famille, quoique muet ou sourd par suite d'un accident qui va lui faire donner une *missio causaria*, peut faire son testament ; il peut instituer, dit Ulpien, les déportés et presque tous ceux qui n'ont pas la *testamenti factio* ; pourtant l'institution ne pourra être faite en faveur d'un *servus pœnæ*, à moins qu'au moment de la mort du testateur, l'institué ne se trouve avoir les droits de citoyen. (Ulpien, loi 13, § 2, *De testamento militis*, Dig. 29, 1.)

Une autre faveur accordée au militaire, c'est de pouvoir mourir partie testat, partie intestat ; il peut donc avoir à la fois un hétitier testamentaire et un héritier *ab intestat ;* il peut même faire plusieurs testaments, et disposer de sa fortune par codicilles.

La dispense de toute solennité dans la confection du testament militaire entraînait une conséquence bien remarquable. Le testament fait avant le départ pour l'armée, et manquant de quelque forme exigée, devenait valable *ex novâ militis voluntate,* par cela seul que le militaire avait manifesté d'une manière quelconque la volonté de faire valoir ce testament.

Était également valable *ex novâ militis voluntate* le
testament fait par un militaire antérieurement à une
minima capitis deminutio : ce qui s'applique soit à un
paterfamilias qui se donne en adrogation, soit à un fils
de famille émancipé par son père. Dans la première
hypothèse, le testament reste valable pour les biens
castrenses; dans la seconde, il s'étend même, de plein
droit, à toute l'hérédité. (Loi 37, § 2, *De inofficioso tes-*
tam., Cod. 3, 28.)

Le fils de famille militaire jouit, pendant la durée de
la campagne, des immunités accordées aux militaires
en général, et cela à l'égard de ses biens castrenses.
Après la campagne, le testament doit être fait dans les
formes ordinaires, mais le fils de famille n'en conserve
pas moins le droit de tester, dans les formes du droit
commun, sur son pécule castrense. Supposons qu'un fils
de famille, redevenu *paganus*, ait disposé de son pécule
par testament, et soit mort, après être devenu à son
insu *heres suus* de son père, par le prédécès de ce dernier. On ne peut pas, dit le jurisconsulte Tryphoninus,
le déclarer testat pour son pécule, et intestat pour le
reste de ses biens, puisqu'il n'est plus militaire, et que
la possibilité de mourir partie testat, partie intestat,
n'existe qu'en faveur des militaires en campagne. Qu'ar-
rivera-t-il dans l'espèce? Il arrivera que l'héritier institué
par le testament prendra l'hérédité entière, car, ajoute
le jurisconsulte, on peut comparer le testateur dont
nous parlons, qui n'a disposé que de son pécule, à un
homme qui, se croyant sans fortune, est mort très-
riche, par suite d'opérations fructueuses faites à son
insu par ses esclaves. *Necessario ergo castrensis*

peculii heres scriptus universa bona habebit, perinde ac si pauperrimus facto testamento decessisset, ignorans se locupletatum per servos alio loco agentes. (Loi 19, §2, *De castr. pec.*, Dig. 49, 17.)

Dans une espèce analogue, mais où le fils testateur est encore à l'armée, en activité de service, la décision est inverse, c'est-à-dire que l'héritier institué ne prendra que les biens castrenses, parce qu'alors le fils peut mourir partie testat, partie intestat. *Si filiusfamilias, ignorans patrem suum decessisse, de castrensi peculio in militia testatus sit : non pertinebunt ad heredem ejus patris bona, sed sola castrensia.* (Ulpien, loi 11, § 2, *De testam. militis*, Dig. 20, 1.)

Si le fils de famille, dit Papinien, meurt prisonnier de guerre chez l'ennemi, les héritiers qu'il aura institués avant sa captivité pourront invoquer le bénéfice de la loi *Cornelia* : *Filiusfamilias miles si captus apud hostes vita fungatur,* **lex** *Cornelia subveniet scriptis heredibus.* (Loi 14, *De castr. pec.*, Dig. 49, 17.) Il s'agit ici de la loi *Cornelia de falsis*, portée sous la dictature de Cornelius Sylla (an de Rome 673, ou 80 avant J.-C.) Dans la rigueur du droit, la *maxima capitis deminutio*, résultant de la perte de la liberté, entraînait la rupture du testament. Pourtant, la loi *Cornelia de falsis* punit de la déportation, comme les autres crimes de faux, l'altération, la radiation ou supposition de dispositions contenues dans le testament fait par un prisonnier de guerre avant sa captivité. On en conclut que son testament n'était pas nul, comme l'avaient voulu les principes, mais qu'il était valable, comme si le testateur était mort au moment même où il était tombé au pouvoir de l'ennemi, et par conséquent comme s'il était mort libre et citoyen, sans *capitis deminutio*. (V. *Institutes*, liv. 2, tit. 12, § 5 ; — Paul, Sent., liv. 3, tit. 4, *4, De testamentis*, § 8 ; — Paul, Sent., liv. 4, tit. 7, *De lege Cornelia*). Le texte de Papinien que nous venons de citer montre que le bénéfice de cette loi a été étendu au testament du fils de famille qui dispose du pécule castrense, lorsque plus tard fut institué ce pécule.

Si le prisonnier de guerre parvient à s'échapper, son testament reste valable *jure postliminii*, parce que le *postliminium* efface tous les effets de la captivité et la fait considérer comme n'ayant jamais eu lieu.

En principe, l'individu *incertus de suo statu*, c'est-à-dire ne sachant s'il est *sui juris* ou *alieni juris*, ne peut tester valablement. La règle est nettement posée par Paul : *Qui incertus de statu suo est, certam legem testamento dicere non potest* (loi 14, *qui testam. facere possunt*, Dig. 28, 1), et par Ulpien : *De statu suo dubitantes, vel errantes, testamentum facere non possunt, ut divus Pius rescripsit*. (Loi 15, *eod. tit.*, Dig. 28, 1.) Mais ici encore, les principes durent céder devant la faveur accordée aux militaires. Un fils de famille, dit Ulpien, qui se croit *paterfamilias* et a fait un testament se trouve être *paterfamilias* au moment de sa mort ; on ne pourra néanmoins demander la *bonorum possessio secundum tabulas*. Mais il en sera autrement si ce fils de famille est un vétéran qui a testé sur son pécule castrense.(Loi 1, § 8, *De bonorum poss. secundum tab.*, Dig. 37, 11). La décision s'explique pourtant si l'on songe que la *factio testamenti* devait, pour la validité du testament, exister à l'époque de la confection du testament et à l'époque du décès. Or, si nous supposons le testament fait par un *filius paganus*, la *factio testamenti* ne se trouve pas à l'époque de la confection du testament, tandis qu'elle se rencontre aux deux époques, s'il s'agit d'un fils de famille militaire. Nous trouvons des décisions semblables, en faveur du fils militaire, dans la loi 11, § 1, *De testamento militis*, Dig. 29, 1, fr. Ulpien, et dans la loi 9, *De jure codicillorum*, Dig. 29, 7, fr. Marcellus.

L'héritier institué dans le testament du fils de famille militaire n'avait point à redouter le retranchement de la *Falcidie* : *In testamento militis legem Falcidiam, et in legatis, et fideicommissis cessare, explorati juris est*, dit un rescrit de l'empereur Philippe (loi 12, *De testam. militis*, Cod. 6, 21). Cet héritier, aux termes du même rescrit, peut également opposer le bénéfice de compétence : *Sane si quid ultra vires patrimonii postulatur, competenti defensione tueri te potes*. Même décision enfin au sujet de la *Falcidie*, dans un rescrit d'Alexandre, qui forme la loi 7, *ad legem Falcidiam*, Cod. 6, 50 : *In testamento quidem militis jus legis Falcidiæ cessat*.

Le testament d'un militaire ne peut être attaqué pour inofficiosité : *Antiquis legibus declaratum est*, dit Justinien, *ut militaria testamenta de inofficioso querelam evadant* (loi 37, *De inoff. testam.* Cod. 3, 28).—*Sic :* loi 9, *cod. tit.*, rescrit d'Alexandre.

L'héritier du pécule castrense jouit des avantages du droit commun ; il obtient la *bonorum possessio* (Ulpien, loi 3, § 5, *De bon. possess.*, Dig. 37, 1), l'interdit *de tabulis exhibendis* (Ulp., loi 1, § 8, *De tab. exhib.* Dig. 43, 5). Enfin la pétition d'hérédité, refusée au légataire du pécule profectice, lequel peut seulement revendiquer

isolément chaque objet de son legs, compète à l'héritier
institué du pécule castrense : *Filiifamilias militis puto
peti posse hereditatem ex testamento nobis obvenientem.*
(Paul, loi 34, pr. *De hereditatis petitione*, Dig. 5, 3.)

Tant que l'héritier institué n'a pas fait adition, les
biens castrenses ne forment pas une véritable hérédité.
Cette observation est utile à faire pour la raison suivante : Supposons que l'héritier institué répudie ; si nous
considérions les biens castrenses comme formant une
véritable hérédité, même avant l'adition, le père ne pourrait pas, dans notre hypothèse, y prétendre, puisqu'aux
termes de la loi 2, *De castr. pec.*, Dig. 49, 17, ces biens
lui sont déférés *non jure hereditatis, sed jure peculii.*
Il ne pourrait y prétendre qu'en un seul cas, ce serait
celui où le fils mourrait intestat. Ainsi, si l'héritier institué répudie, les biens castrenses garderont leur caractère de pécule et seront, comme tels, attribués au père.
S'il fait adition, ces mêmes biens formeront une hérédité, et dès lors nous appliquerons la maxime : *Hereditas
jacens vicem defuncti sustinet.* Jusqu'à l'adition, il y a
donc incertitude sur la nature des biens castrenses : leur
caractère n'est fixé, mais alors il l'est rétroactivement,
qu'au moment où l'héritier institué se décide soit pour
l'adition, soit pour la répudiation. Ce que nous venons
de dire explique cette locution employée par le jurisconsulte Tryphoninus, dans la loi 19, § 5, *cod. tit.*, Dig.,
où il dit que, pendant que les héritiers institués délibèrent, il y a une *imago successionis*, c'est-à-dire que les
biens castrenses ne forment pas, il est vrai, une véritable hérédité jacente, mais qu'ils doivent néanmoins
être traités comme tels. Cette fiction les empêche d'être,

pendant la jacence, des biens sans maître, des biens va-
cants, qui appartiendraient au fisc ou au premier occu-
pant.

L'incertitude qui règne, pendant le temps intermédiaire, sur le sort définitif du pécule castrense, et qui
amena les jurisconsultes à imaginer la fiction dont nous venons de parler, va nous servir à expliquer la décision suivante de Papinien (loi 18 pr. *De stipulatione servorum*,
Dig. 45, 3). Après la mort d'un fils de famille militaire, un
esclave qui appartient en commun à Mévius et au pécule
castrense stipule avant que l'héritier institué du pécule ait
fait adition ; Papinien décide que le profit de la stipulation sera en totalité pour Mévius, *qui solus interim dominus invenitur*. Voici le motif qui a déterminé le jurisconsulte : c'est que l'hérédité n'existe pas encore, et ne
peut par conséquent être copartageante, car, ajoute-t-il,
si l'on a été jusqu'à dire que le fils de famille a un héritier, il n'en résulte pas que son hérédité existe dès ce
moment : tout ce qu'ont pu faire les constitutions impériales, ç'a été de permettre au fils de famille de disposer
par testament de son pécule castrense : privilége qui
est suspendu avant l'adition.

Si l'héritier fait adition, le pécule, *imago successionis*, a pu s'augmenter pendant le temps intermédiaire.
Dans l'espèce proposée par Papinien, Mévius n'est donc
que propriétaire intérimaire ; il est propriétaire définitif,
pour sa part, de la valeur que la stipulation de l'esclave
a produite, et il est propriétaire provisoire du reste ;
après l'adition, il sera obligé d'en tenir compte à l'héritier du pécule castrense. Mais dans tous les cas, Papinien n'admet pas en faveur du père la rétroactivité dont

nous parlons, et son opinion paraît être également celle du jurisconsulte Tryphoninus (loi 19, § 5, *De castr. pec.*, Dig. 49, 17).

SECTION III

Droits du père sur le pécule castrense.

Quelle est la situation respective du père et du fils à l'égard du pécule castrense ? Nous avons insisté précédemment sur cette idée que le fils de famille militaire est considéré, à l'égard du pécule castrense, comme un *paterfamilias*. Ceci ne veut pas dire qu'il soit propriétaire. Le vrai propriétaire du pécule, c'est le père ; seulement, pendant toute la vie du fils, c'est ce dernier qui a le droit d'administrer et de disposer. Remarquons que ce droit n'emporte pas le droit de propriété ; et c'est seulement par une fiction, et en le considérant comme *paterfamilias*, que les jurisconsultes romains ont accordé ce droit au fils. Pas un texte ne lui donne le titre de propriétaire, on se contente partout de le traiter en *paterfamilias*. *Cum filiifamilias in castrensi peculio vice patrum familiarum fungantur :* tels sont les termes d'Ulpien (loi 2, *De sc'° Maced.*, Dig. 14, 6). Paul n'est pas moins explicite : Le fils, dit-il, doit être considéré *en quelque sorte* comme propriétaire, *filium* QUODAMMODO *dominum existimari*. Nous dirions aujourd'hui, si ce n'était pas un anachronisme de langage, que le fils est propriétaire *sous condition résolutoire*, et le père, propriétaire *sous condition suspensive* : la condition résolutoire, c'est l'ab-

sence de testament. Mais ceci est contraire aux idées
romaines, et il faut dire tout simplement que la propriété du pécule castrense appartient au père, mais que
le fils a le droit d'administrer et de disposer. Nous allons voir quelles sont les conséquences de cette situation respective du père et du fils.

De ce que le droit de disposition reste au fils, il en
résulte que le père ne peut faire aucun acte qui contre-
dise ou compromette ce droit. Le père était quelquefois
comparé, sous ce rapport, à un interdit qui ne peut disposer de ses biens, ou à un mari, propriétaire du fonds
dotal, et qui ne peut l'aliéner. Le père qui, pendant la
vie de son fils, dit le jurisconsulte Mécianus, intente l'action *communi dividundo*, ne peut aliéner la propriété, à
l'exemple du mari qui ne peut aliéner le fonds dotal;
et si l'associé du fils traite avec le père sur des valeurs
sociales, ce traité sera nul, comme s'il avait eu lieu avec
un interdit, *veluti si cum eo ageret, cui bonis interdictum
est.* (Loi 18 pr. *De castrensi peculio*, Dig. 49, 17.)

Si l'action *communi dividundo* est interdite au père,
c'est parce qu'en droit romain, le partage est translatif
de propriété, et que le père ne peut aliéner les biens
castrenses de son fils.

Ni l'adoption ni l'émancipation n'autorisent le père à
garder pour lui le pécule castrense de son fils, *quod nec
in familia retento potest auferre.* (Papinien, loi 12, *eod.
tit.*, Dig.)

Cette situation du père à l'égard du pécule castrense
nous fait comprendre pourquoi il ne peut pas aliéner les
valeurs du pécule, mais aussi pourquoi les actes d'amélioration qu'il fait sont valables. Nous trouvons des

applications de ce principe dans la loi 18, § 3, *eod. tit.*, Dig. Ainsi, il peut affranchir de l'usufruit les esclaves du pécule, il peut dégrever les immeubles, soit de l'usufruit, soit de toutes autres servitudes passives ; il peut acquérir des servitudes actives, car, dit Mécianus, un interdit a le même droit. Mais il ne peut grever d'usufruit ou de servitude les esclaves et les immeubles castrenses. En un mot, les actes du père qui produisent dans le présent l'aliénation d'un droit dépendant du pécule castrense sont défendus ; mais les actes qui ont leur effet, non sur-le-champ, mais dans l'avenir, seront ou non valables, suivant les circonstances. (Loi 18, § 1, *eod. tit.*, Dig.) Si le fils meurt testat, ils seront nuls *ab initio*.

Prenons pour exemple l'affranchissement d'un esclave castrense par le père. L'affranchissement a-t-il lieu *per vindictam*, c'est-à-dire par un mode entre-vifs, il est nul, parce que l'aliénation serait actuelle ; n'a-t-il lieu au contraire que par testament, il est valable, si le fils meurt intestat. (Tryphoninus, loi 19, § 4, *De castr. pec.*, Dig. 49, 17.)

Autres conséquences de la même idée : le père qui soustrait quelque objet du pécule castrense est tenu de l'action de vol. (Ulpien, loi 52, § 6, *De furtis*, Dig. 47, 2.) Le payement qu'il fait avec une chose du pécule est considéré comme fait avec la chose d'autrui. (Paul, loi 98, § 3, *De solutionibus*, Dig. 46, 3.)

Examinons maintenant quels peuvent être les droits du père sur le pécule castrense après la mort de son fils.

Quatre hypothèses peuvent se présenter : 1° Le fils a

institué un héritier, qui fait adition; 2° il meurt intestat; 3° l'héritier institué répudie; 4° le fils a institué son père.

1ʳᵉ HYPOTHÈSE. — *Le fils a institué un héritier qui fait adition.* — Le père n'a aucun droit sur les valeurs du pécule, puisque le fils en a disposé, et que l'héritier institué accepte l'hérédité. *Ex nota Marcelli constat, nec patribus aliquid ex castrensibus bonis filiorum deberi.* (Pomponius, loi 10, *De castrensi peculio*, Dig. 49, 17.) Le pécule entier est donc disponible entre les mains du fils de famille, et aucune réserve n'existe au profit du père.

2° HYPOTHÈSE. — *Le fils de famille meurt intestat.* — Aucun obstacle n'empêche alors le père d'exercer sur le pécule ses droits de propriétaire. Il reprend le pécule *non quasi hereditas, sed quasi peculium,* dit Ulpien, (loi 2, *De castr. pec.*, Dig. 49, 17); idée qui se trouve reproduite dans un rescrit des empereurs Dioclétien et Maximien, qui forme la loi 5, *De castr. pec.*, Cod. 12, 37. Ce qui amène les conséquences suivantes :

1° Comme il ne prend pas le pécule en qualité d'héritier, il en résulte qu'il n'est tenu de payer les dettes qui le grèvent qu'*intra vires,* et seulement dans l'année utile. *Pater qui castrense peculium intestati filii retinebit, æs alienum intra modum ejus, et annum utilem, jure prætorio solvere cogitur.* (Papinien, loi 17 pr., *De castr. pec.*, Dig. 49, 17.)

2° Le père ne pourra intenter la *petitio hereditatis* pour revendiquer en bloc toutes les valeurs du pécule; il devra revendiquer séparément chacun des objets qui le composent.

3° Lorsque plusieurs frères viennent à la succession de leur père, et que l'un d'eux est émancipé, il est obligé de rapporter à la masse ce qu'il a acquis depuis son émancipation, afin de rétablir l'égalité entre lui et ses frères, dont les acquisitions ont profité au père. Dans la loi 1, § 22, *De collationibus*, Dig. 37, 6, Ulpien suppose qu'un cohéritier émancipé, et obligé, comme tel, à la *collatio*, a un fils possesseur d'un pécule castrense. Ce cohéritier devra-t-il rapporter à la masse les valeurs de ce pécule? Il faut distinguer. Si le fils est encore vivant, il ne saurait y avoir lieu à la *collatio*, puisque le fils a toujours le droit de disposer de ce pécule. Si à ce moment il est mort intestat, le père a toujours été propriétaire du pécule, et doit, par conséquent, le rapporter à la masse. Le jurisconsulte suppose ensuite que le fils, possesseur du pécule castrense, avait institué son père, et lui avait substitué une autre personne; le père ne fait pas adition. Si le substitué, lui, accepte, pas de *collatio* possible, le père n'ayant jamais été propriétaire; s'il répudie, la propriété du père renaît, et il est obligé de faire le rapport.

4° Nous avons dit plus haut que le père ne pouvait pas affranchir par un mode entre vifs, par exemple *per vindictam*, un esclave du pécule, parce qu'un tel mode d'affranchissement avait un effet immédiat. Le peut-il par testament? Tryphoninus le décide affirmativement (loi 10, § 3, *De castrensi peculio*, Dig. 49, 17), mais ce n'est pas toutefois sans hésitation, et l'on voit que sa décision est surtout basée sur la faveur que mérite la liberté. La raison de douter, dit-il, est que la propriété ne peut pas appartenir à deux personnes *pro solido*; et,

d'un autre côté, Adrien a décidé que le fils peut affranchir l'esclave dont il s'agit : ce qui exclut le droit du
père. En effet, si nous supposons que l'esclave ait été
affranchi à la fois par le testament du fils et par celui
du père, il n'y aurait aucun doute que ce serait au fils
que l'esclave devrait sa liberté. Mais voici la considération qui décide le jurisconsulte pour l'affirmative : On
peut dire, ajoute-t-il, en faveur de la liberté donnée par
le père, dans l'espèce en question, que son droit n'a
cessé qu'autant que le fils use de celui qu'il a sur son
pécule castrense, et que si ce fils est mort intestat, le
père obtient ce pécule par une espèce de *postliminium*,
d'après l'ancien droit, et paraît en avoir eu la propriété
rétroactive..... *Postliminii cujusdam similitudine pater
antiquo jure habeat peculium, retroque videatur habuisse
rerum dominia.*

3° HYPOTHÈSE. — *L'héritier institué par le fils refuse
de faire adition.* — Dans ce cas, le pécule fait retour
au père, comme dans l'hypothèse précédente, *non quasi
hereditas, sed quasi peculium.* Nous appliquerons donc
ici les deux premières conséquences que nous avons in-
diquées tout à l'heure pour le cas où le fils mourait intestat.

Mais lorsque le fils meurt intestat, il n'y a aucune
difficulté d'admettre que le père est considéré comme
propriétaire du pécule rétroactivement. Cette rétroactivité, au contraire, est contestée, lorsque le fils a fait un
testament et que l'héritier institué refuse de faire adition. Le fils, en faisant un testament, a manifesté la
volonté de ne pas laisser à son père son pécule castrense, et c'est précisément là la source de la difficulté.

4

Dans ce cas, en effet, dit le jurisconsulte Tryphoninus (loi 19, § 5, *De castr. pec.* Dig. 49, 17), il n'est pas aussi facile de dire qu'il y a eu du fils à son père continuation de propriété pour les choses qui composent le pécule, puisque le temps intermédiaire pendant lequel les héritiers délibèrent offre une *imago successionis.* Autrement, il faudrait dire, quand il y a eu adition, que la propriété a passé du père au fils, et de celui-ci à ses héritiers, ce qui est absurde, ajoute-t-il. Dans ces conditions, quel sera le sort de l'affranchissement testamentaire fait par le père au profit d'un esclave castrense? Ici encore, comme lorsque le fils est mort intestat, la faveur de la liberté fera violence aux principes, et l'on décidera que l'esclave est libre : *favorabilem tamen sententiam contrariam* IN UTROQUE CASU *non negabimus.*

Voyons maintenant quel sera le sort des acquisitions faites par l'esclave castrense, pendant que l'héritier délibère. Supposons d'abord une acquisition par stipulation. Si l'héritier fait adition, il y aura eu une *hereditas jacens,* laquelle aura profité de la stipulation; mais il faut supposer le cas où il répudie, et où, par conséquent, le pécule castrense fait retour au père *jure peculii.* Il y avait dissidence entre les jurisconsultes romains.

Papinien refuse au père le bénéfice de la stipulation : c'est ce qui résulte de la loi 14, § 1, *eod. tit.* Dig. : Elle n'aura, dit-il, aucun effet puisqu'au moment où elle a été faite, l'esclave n'appartenait pas au père : *Nullius momenti videatur, cum in illo tempore non fuerit servus patris.* La stipulation est donc nulle, *inutilis.* Mais il y

a dans ce texte quelque chose d'étrange, puisque la fin
de la loi contredit expressément la décision que nous
venons de rapporter, et qu'après avoir dit que la stipulation dont il s'agit ne profite pas au père, le texte
ajoute que cependant, par respect pour la personne du
père, cette stipulation lui profitera. *Sed paterna verecundia nos movet quatenus et in illa specie, ubi jure
pristino apud patrem peculium remanet, etiam adquisitio stipulationis, vel rei traditæ per servum fiat.* On n'a
pas idée d'une pareille contradiction. Aussi est-il évident
que le texte de Papinien n'est pas ici dans toute sa pu-
reté. Selon Cujas et Pothier, cette phrase ne serait pas
de Papinien, et aurait été ajoutée par Ulpien, dans le
but de mettre d'accord la doctrine de Papinien avec la
sienne. En effet, la doctrine d'Ulpien est contraire à
celle que nous venons d'exposer, d'après Papinien ; on
peut s'en convaincre en se reportant à la loi 33, pr. *De
adquirendo rerum dominio,* Dig. 41, 1, où Ulpien,
d'accord, dit-il, avec Scévola et Marcellus, attribue au
père les acquisitions par stipulation ou par legs
faites par l'esclave castrense, dans le temps qui
s'écoule entre la mort du fils de famille et la répudiation de l'hérédité par les institués : *Si adita non sit, ut
in proprio patris esse spectanda.* — Mais il est plus probable que dans la loi 14, § 1, Dig. *De castr. pec.,* nous
avons un exemple des nombreuses interpolations de
Tribonien : c'est en effet le latin du Bas-Empire : *paterna verecundia; adquisitio stipulationis; quatenus* pris
dans le sens de *à tel point que.*

Pour le legs fait à l'esclave pendant que l'héritier
délibère, nous n'avons pas à constater la même contro-

verse entre les jurisconsultes romains. Papinien et
Ulpien sont d'accord pour reconnaître que le bénéfice
en appartient au père, puisque l'effet du legs s'apprécie
au moment où il se fixe sur la tête du légataire. (Papinien, loi 14, § 3, *De castr. pec.* Dig. 49, 17; —
Ulpien, loi 33, pr., *De adquirendo rerum dominio.*
Dig. 41, 1.)

4° HYPOTHÈSE. — *Le fils a institué son père héritier.*—
Distinguons deux cas : ou bien le père a fait adition,
ou bien il refuse.

1er *cas.* — Le père fait adition. — C'est alors un
héritier ordinaire ; il prend le pécule *quasi hereditas,*
ce qui lui permet d'intenter la *petitio hereditatis* pour
se faire mettre en possession de l'universalité du pécule
castrense.

Au lieu d'avoir simplement l'*actio furti,* comme il
l'aurait s'il avait pris les biens à titre de pécule, il peut
intenter la *persecutio expilatæ hereditatis.* (Ulpien,
loi 33, § 1, *De adquirendo rerum dominio.* Dig. 41, 1.)

Mais voici un désavantage attaché à sa qualité d'héritier : il est tenu des dettes du pécule *ultra vires,*
comme tout héritier, et il peut être poursuivi par les
créanciers, même au delà de l'année utile. (Papinien,
loi 17, pr., *De castr. pec.* Dig. 49, 17.)

Quant à l'application de la Falcidie, il faut distinguer si le fils a testé étant encore à l'armée, et est mort
moins d'un an depuis son retour, ou si, au contraire,
ces conditions ne sont pas réunies. Dans le premier cas,
la Falcidie ne s'applique pas, et le père devra acquitter
intégralement les legs mis à sa charge, sans rien pouvoir retenir. Dans le deuxième cas, il peut retenir la

quarto : *Ratione Falcidiæ retinebitur quarta.* (Loi 17,
§ 1, *eod. tit.* Dig.)

2° *cas.* — Le père institué refuse de faire adition. —
Le testament du fils est *destitutum*, et le père peut
prendre les biens à titre de pécule.

Mais il est possible que le testament, devenu *destitutum*, contienne des legs à la charge du père : quel
sera le sort de ces legs ? Il faut voir, et ce sera là une
pure question de fait, si le père a répudié de bonne ou
de mauvaise foi. S'il était de bonne foi, il ne sera pas
forcé de les acquitter ; sinon, il y sera obligé.

Paul se demande si, lorsque le fils de famille, sans
avoir fait de testament, charge son père par un codi-
cille de restituer le pécule à Titius, le père pourra retenir la quarte Falcidie sur le fidéicommis. La raison de
douter vient de ce qu'il n'y a pas ici d'hérédité, puisque le père prend les biens à titre de pécule. Mais le
jurisconsulte n'hésite pas à étendre à cette hypothèse le
bénéfice de la loi, et à permettre en conséquence au
père de retenir la Falcidie. (Loi 18, pr., *Ad legem Falcidiam.* Dig. 35, 2.)

Appendice. — Justinien, dans ses Institutes, modifie
le système que nous venons d'exposer sur la transmission *ab intestat* du pécule castrense. (Instit., liv. 2,
tit. 12, pr.) Le pécule fut dévolu, d'abord aux descendants du fils de famille ; à défaut de descendants, à ses
frères et sœurs ; enfin, à défaut de ceux-ci, au père. Le
père obtint dans ce cas le pécule *jure communi,* disent
les Institutes.

Que faut-il entendre par ces mots : *jure communi ?*
Cette expression signifie-t-elle que le pécule castrense

est dévolu au père, d'après le droit des successions, ou bien qu'il lui fait retour à titre de pécule, *jure peculii?* Les commentateurs sont divisés. Les uns pensent qu'il s'agit du droit des successions (Vinnius, M. Ducaurroy); un autre système, soutenu par Cujas, et de nos jours par M. Ortolan, préfère la seconde interprétation; il s'appuie surtout sur l'opinion de Théophile, qui, dans sa paraphrase des Institutes, développe en ces termes l'expression dont nous parlons : *Jure communi*, dit-il, *id est tanquam peculium paganum.* Je suis porté à adopter ce système : Théophile, l'un des rédacteurs des Institutes, devait mieux connaître que les commentateurs modernes le sens des expressions qui y sont employées. C'est ainsi qu'aujourd'hui les Travaux Préparatoires du Code Napoléon sont pour les commentateurs un des éléments les plus précieux d'interprétation.

Si nous admettons ce dernier système, nous devrons dire que, s'il existe en même temps l'aïeul et le père *in patria potestate*; le pécule castrense appartiendra non au père, mais à l'aïeul; tandis que les biens maternels, s'il y en a dans la succession du fils *de cujus*, iront au père par droit de succession.

Dans tous les cas, la controverse n'a pas un bien grand intérêt; le système des Institutes ne tarda pas à être lui-même modifié, quant au point qui nous occupe, par les Novelles 118 et 127 de Justinien, d'après lesquelles le père succède à son fils, à défaut de descendants, en concours avec les frères et sœurs germains, et par conséquent comme un héritier ordinaire.

CHAPITRE II

DU PÉCULE QUASI-CASTRENSE.

Les fils de famille militaires, seuls, pouvaient avoir un pécule castrense, c'est-à-dire un patrimoine dont ils pussent disposer. Tous les autres fils de famille restaient dans le droit commun, c'est-à-dire que toutes leurs acquisitions profitaient au *paterfamilias*, seul propriétaire : il en résultait, à l'égard d'autres personnes qui méritaient au moins autant de faveur que les militaires, par exemple les fonctionnaires civils, une inégalité que les empereurs songèrent de bonne heure à faire disparaître. Divers textes des Pandectes mentionnent un pécule *quasi-castrense*, ainsi appelé en raison de son analogie avec celui que nous venons d'étudier : c'est ainsi que Papinien, dans la loi 52, § 8, *Pro socio*, Dig. 17, 2, met sur la même ligne, comme choses que le fils de famille *in potestate* conserve comme *præcipua*, les *stipendia cæteraque salaria*. Cette assimilation est également faite par Ulpien (loi 1, § 15, *de collatione*, Dig. 37, 6), où il déclare exempts du rapport le pécule castrense et le pécule quasi-castrense. Maintenant, faut-il, avec quelques commentateurs, dire que ces textes ont été interpolés par les compilateurs du Digeste? C'est ce qu'il est impossible de décider. Quoi qu'il en soit, il est fort vraisemblable que l'assimilation dont nous parlons ait été faite par les empereurs, dans des cas isolés, et de plus en plus fréquents, sans en faire l'objet d'une disposition générale.

La première constitution que nous possédions, à l'égard du pécule quasi-castrense, est de Constantin, en date du 10 des kalendes de juin (23 mai) 320, et forme la loi unique, au Code, *De castrensi omnium palatinorum peculio* (liv. 12, tit. 31). Aux termes de cette constitution, tous les *palatini*, c'est-à-dire les officiers du palais impérial, fils de famille en puissance de père, gardaient pour eux en pleine propriété le produit de leur propre travail, ainsi que les libéralités qu'ils recevaient du prince, *ut castrense peculium.*

Théodose et Valentinien étendirent ce *jus castrensis peculii* aux archivistes et greffiers du préfet du prétoire. (Loi 6, *De castrensi peculio*, Cod. 12, 37.)

Les avocats des diverses juridictions eurent également, à titre de pécule quasi-castrense, tout ce qu'ils acquéraient à l'occasion de leur profession, suivant une constitution d'Honorius et Théodose, qui forme la loi 4, *De advocatis diversorum judiciorum*, Cod. 2, 7.

Théodose et Valentinien confirmèrent ce droit, en 440, en faveur des avocats exerçant près la préfecture du prétoire (loi 8, *eod. tit.* Cod.), puis, plus tard, Léon et Anthémius en 469, et enfin Zénon en 486 : *Cuncta sane privilegia... per hanc in æternum valituram legem sancimus.* (Loi 17, § 1, *eod. tit.* Cod.)

Voici en quels termes les empereurs Léon et Anthémius s'expriment sur la profession d'avocat : *Advocati, qui dirimunt ambigua fata causarum, suæque defensionis viribus in rebus sæpè publicis ac privatis lapsa erigunt, fatigata reparant, non minus provident humano generi, quam si præliis atque vulneribus patriam parentesque salvarent. Nec enim solos nostro imperio militare*

*credimus illos qui gladiis, clypeis, et thoracibus nitun-
tur, sed etiam advocatos ; militant namque causarum
patroni qui gloriosæ vocis confisi munimine, laboran-
tium spem, vitam, et posteros defendunt.* (Loi 14, *eod.
tit.* Cod.)(1).

Un pécule quasi-castrense fut également accordé aux
évêques, aux prêtres et aux diacres, par les empereurs
Léon et Anthémius, le 5 des kalendes d'avril (28 mars)
469 (loi 34, *De episcopis et clericis*, Cod. 1, 3). Les fils
de famille ecclésiastiques purent disposer de ce pécule
par testament, par donation entre vifs ou par tout
autre mode d'aliénation. Il n'était jamais sujet à rapport, lorsque les possesseurs venaient à la succession
de leur père, en même temps que leurs frères ou sœurs.
Mais leur testament peut-il être attaqué pour inofficiosité? Justinien, dans la loi 50, *eod. tit.* Cod., nous
apprend que la question faisait difficulté, et il la résout,
par cette même loi, négativement (en 532). Plus tard, il
revient sur cette décision, et il l'abroge par la Novelle 123, chap. 19, dans laquelle, tout en étendant le
privilége du pécule quasi-castrense en faveur des sous-
diacres, des chantres et des lecteurs, il veut que, par
leur testament, ils laissent à leurs enfants, et, à défaut
d'enfants, à leur père, la portion légitime déterminée

(1) Il est curieux de mettre en regard de ce magnifique éloge de la profession d'avocat, *daté de Constantinople*, par des *princes du Bas-Empire*,
une lettre de Napoléon à Cambacérès, trouvée par M. Dupin aîné dans les
papiers de ce dernier, et relative à un projet de décret sur l'ordre des
avocats :
« Le décret est absurde. Il ne laisse aucune prise, aucune action contre
» eux. Ce sont des factieux, des artisans de crimes et de trahisons ; tant
» que j'aurai l'épée au côté, jamais je ne signerai un pareil décret; je veux
» qu'on puisse couper la langue à un avocat qui s'en sert contre le gouver-
» nement. »

par la Novelle 18, chap. 1" : *Sic tamen ut horum filii,*
aut his non existentibus, parentes eorum legitimam
partem ferant.

Les *silentiarii*, huissiers du palais impérial, reçurent
le *jus castrensis peculii* de l'empereur Anastase, par une
constitution, qui forme la loi 5, *De silentiariis*, Cod. 12,
16 (an 500).

Justinien constitua un pécule quasi-castrense en
faveur des proconsuls, des préfets des légions, des
présidents des provinces, des maîtres des sciences
libérales, des *agentes in rebus*, et, en général, au profit
de tous ceux qui, investis de dignités ou de fonctions
publiques, reçoivent quelque largesse de la munificence
du prince , *vel ex publicis salariis*. (Voir loi 37, *De inof-*
ficioso testam., Cod. 3, 28.)

Justinien accorda le droit de tester à tous ceux qui
possédaient un pécule quasi-castrense, mais dans les
formes du droit commun, *sed communi et licito et con-*
sueto ordine observando. (*Ead. leg.*)

Dans cette même loi, il tranche une difficulté qui
s'élevait sur le point de savoir si le testament d'une personne possédant un pécule quasi-castrense pouvait être
attaqué pour inofficiosité, et il décide la question par
la négative : *Hoc nihilominus eis addito privilegio, ut*
neque eorum testamenta inofficiosi querela expugnentur.
Remarquons, toutefois, que cette disposition générale
a été abrogée, en ce qui concerne les évêques et les
clercs, par la Novelle 123, chap. 19.

Quant aux règles applicables au pécule quasi-castrense, nous n'avons rien à en dire : ce sont les mêmes
que celles du pécule castrense.

CHAPITRE III.

DU PÉCULE ADVENTICE.

Nous devons examiner, comme nous l'avons fait pour
le pécule castrense : 1° quelle est la composition du pécule adventice ; 2° quels sont les droits du père sur ce
pécule ; 3° quels sont ceux du fils.

SECTION PREMIÈRE

Composition du pécule adventice.

La création du pécule adventice est due à une idée
d'humanité. Ce que le chef de famille, dit Justinien
(*Institutes*, liv. 2, tit. IX, § 1), avait acquis par l'un de
ses enfants, il était maître de le donner, de le vendre,
de le transporter d'une manière quelconque à tout autre
de ses enfants, et même à un étranger : ce qui a paru
inhumain, *quod nobis inhumanum visum est.*
Constantin fut le premier qui restreignit à cet égard
les droits du chef de famille, et par une constitution de
l'an 316, qui forme la loi 1re, *De bonis maternis,*
Cod. 6, 60, il décida que les biens provenant aux enfants
de la succession de leur mère, soit par testament, soit
ab intestat, leur appartiendraient en nue-propriété, le
père n'en ayant que l'usufruit. *Res quæ ex matris suc-
cessione, sive ex testamento, sive ab intestato fuerint ad
filios devolutæ, ita sint in parentum potestate, ut utendi*

fruendi duntaxat habeant in diem vitæ facultatem, dominio videlicet earum ad liberos pertinente.

On ne s'arrêta pas dans cette voie, et nous allons voir quelles extensions les empereurs apportèrent successivement au pécule adventice.

En 395, Arcadius et Honorius placèrent sous le même régime tous les biens que les enfants acquerraient d'un ascendant maternel, à quelque titre que ce fût, par testament, fidéicommis, legs, donation entre-vifs, ou par toute autre libéralité, même par succession *ab intestat.* (Loi 2, *De bonis maternis,* Cod. 6, 60.)

En 426, Théodose et Valentinien firent la même chose pour les biens donnés par une femme à son mari non émancipé, ou réciproquement, *quicquid vel uxor marito non emancipato, vel maritus uxori in potestate positæ, quocumque titulo vel jure contulerit, sive transmiserit, hoc patri nullatenus adquiratur.* (Loi 1re, *De bonis quæ liberis,* Cod. 6, 61).

Par une constitution de 471, Léon et Anthémius, voulant faire cesser les doutes qu'avait soulevés la constitution Théodosienne sur le point de savoir si les fiancés devaient être assimilés aux époux, et s'appuyant sur l'opinion du jurisconsulte Julien, qui se prononce pour cette assimilation à l'égard du fonds dotal (*Sic* : Gaïus, loi 4, *De fundo dotali,* Dig. 23, 5), décident que les donations entre fiancés feront également partie du pécule adventice du donataire. (Loi 5, *De bonis quæ liberis,* Cod. 6, 61.)

Justinien enfin, en 529, généralisa les décisions de ses prédécesseurs, en étendant le privilége du pécule adventice à toutes les acquisitions faites par le fils au-

trement que *ex substantiâ patris. Si quis itaque filius-*
familias, vel patris sui, vel avi, vel proavi in potestate
constitutus, aliquid sibi acquisierit, non ex ejus substantia, *cujus in potestate sit, sed ab aliis quibuscumque cau-*
sis, quæ ex liberalitate fortunæ, vel laboribus suis ad eum
perveniant : eas suis parentibus non in plenum sicut
antea fuerat sancitum, sed usque ad usumfructum solum
acquirat, *et eorum ususfructus quidem apud patrem, vel*
avum, vel proavum, quorum in sacris sit constitutus, per-
maneat : dominium autem filiisfamilias inhæreat, *ad*
exemplum, tam maternarum quam ex nuptialibus cau-
sis filiisfamilias adquisitarum rerum. De cette manière,
ajoute-t-il, le père n'aura pas à se plaindre, puisqu'il
conserve l'usufruit, et les fils de famille n'auront plus la
douleur de voir ce qu'ils ont gagné passer en d'autres
mains et profiter soit à leurs frères, soit même à des
étrangers. (Loi 6, *eod. tit.* Cod.)

SECTION II

Droits du père sur le pécule adventice.

Le père n'a sur les biens adventices du fils qu'un
droit de jouissance ; seulement ce droit ne doit pas être
assimilé à l'usufruit ordinaire : par respect pour la puissance paternelle, on n'osa pas réduire le père à cette
situation. On se borna donc à lui enlever le droit d'aliéner et d'hypothéquer les biens adventices, mais on lui
conserva un droit d'administration et de jouissance illimité : il est facile de s'en convaincre en se reportant aux

termes de la loi 6, § 2, *De bonis quæ liberis*, Cod., dont nous avons reproduit un passage *infra*, page 157.

Justinien, dans la loi 8, *eod. tit.* Cod., donne les différentes règles applicables dans notre matière. Ainsi, le père ne doit faire sur le pécule rien qui soit de nature à détériorer les biens ; mais il est dispensé de rendre compte, de fournir caution, et de se soumettre à toutes les autres charges imposées par la loi à l'usufruitier ordinaire (§ 4).

Lorsque nous disons que le père ne peut ni aliéner ni hypothéquer les biens adventices, il faut entendre ceci avec une certaine réserve ; car de ce que nous lui avons reconnu un pouvoir d'administration illimité, il en résulte, et la loi 8, *eod. tit.*, le dit elle-même, que dans certaines circonstances, ce droit d'aliénation lui sera accordé : ce n'est donc pas, à proprement parler, une exception, puisque c'est, en quelque sorte, un acte d'administration ; nous allons en juger. Si, dit Justinien, la succession échue au fils de famille est grevée de dettes, comme, d'après les anciens jurisconsultes eux-mêmes, il n'y a de biens que déduction faite des dettes, *cum etiam apud veteres hæc esse substantia intelligatur, quæ post detractum æs alienum supersederit*, le père doit avoir la faculté de distraire une partie des biens héréditaires, en commençant d'abord par les meubles, et, s'ils ne suffisent pas, en prenant les immeubles, pour les vendre au nom de son fils, afin de rembourser immédiatement les dettes et de ne pas charger l'hérédité d'intérêts trop élevés. Si le père néglige de le faire, il sera contraint de payer les intérêts sur ses propres revenus et sa propre fortune. On le voit, c'est donc pour lui

non pas seulement une faculté, mais une obligation, ce
qui nous confirme dans l'opinion qu'il ne fait alors qu'un
acte d'administration.

La suite de cette même loi 8, § 4, nous offre un nouvel exemple à l'appui de ce que nous disions tout à
l'heure. Lorsque la succession est grevée de legs, de
fidéicommis, soit en annuités, soit en capitaux une fois
payés, si les revenus des biens héréditaires suffisent à
payer les annuités, le père devra les employer à cet
usage. S'ils ne suffisent pas, il doit vendre, pour acquitter ces charges, quelques-uns des biens héréditaires, soit
meubles, soit immeubles, mais surtout ceux qui donnent des revenus moindres.

La même faculté lui est également accordée (§ 5, *ead.
lege*) pour se procurer de quoi vivre, à lui et aux siens,
dans le cas d'une extrême misère. S'il ne trouve pas
d'acheteurs, il peut emprunter sur hypothèque, et le fils
de famille n'est pas reçu à révoquer ces ventes ou ces
hypothèques.

Eu dehors de ces cas, continue Justinien, le père ne
pourra ni vendre ni hypothéquer les biens adventices,
à moins pourtant que cette opération ne soit d'un avantage évident : *Exceptis videlicet rebus mobilibus, vel
immobilibus illis, quæ onerosæ hereditati sunt, vel quocumque modo damnosæ, quas sine periculo vendere patri
cum paterna pietate licet : ut pretium earum vel in res,
vel in causas hereditarias procedat, vel filio servetur.* Le
prix doit donc être employé à l'amélioration des biens
héréditaires, ou conservé pour le fils.

Le père peut intenter toutes actions relatives au pécule adventice, ou y défendre, quel que soit l'âge du

fils : pourtant Justinien exige qu'il prenne le consentement de ce dernier, à moins qu'il ne soit en bas âge, ou absent. Dans tous les cas, les frais du procès sont à la charge du père (§ 3, *eod. leg.*)

Les autres charges du père sont celles de tout usufruitier ; il doit pourvoir à la nourriture et à l'entretien des esclaves du pécule. Il doit également nourrir et entretenir son fils ou sa fille, mais, dit la loi 8, § 5, *eod. tit.*, cette obligation ne dérive pas de l'hérédité dont l'usufruit est donné au père ; c'est une obligation qui a sa source dans la nature même et dans les lois qui ont établi le devoir réciproque d'aliments du père aux enfants et des enfants au père, *si inopia ex utraque parte vertitur.*

Nous avons à rechercher maintenant de quelle manière prend fin l'usufruit du père sur les biens adventices.

Ici, la jouissance du père est traitée comme un véritable usufruit, c'est-à-dire qu'elle dure aussi longtemps que vit l'usufruitier. C'est ce qui résulte de la constitution de Constantin, loi 1, *De bonis maternis*, Cod. 6, 60.

Lors même que le fils de famille était émancipé par son père, celui-ci, malgré la cessation de la puissance paternelle, conservait, suivant une constitution de Constantin, le tiers des biens adventices du fils en pleine propriété, en quelque sorte comme prix de l'émancipation. Justinien vit dans ce prélèvement une injustice ; il ne voulut pas que dorénavant le père conservât quoi que ce fût des biens de son fils en propriété ; mais, à titre de dédommagement, il lui concéda l'usufruit de la moitié des biens. (Loi 6, *De bonis quæ liberis*, Cod. 6, 61.)

La mort du père n'est pas la seule cause d'extinction de l'usufruit dont nous parlons. Le père peut aussi renoncer à son droit, et alors les frères et sœurs du fils de famille, au profit duquel se fait cette renonciation, ne peuvent élever aucune réclamation. (Loi 6, § 2, *eod. tit.* Cod.)

SECTION III

Droits du fils sur le pécule adventice

Quoique le fils soit nu-propriétaire de son pécule adventice, il n'a, tout le temps que vit son père usufruitier, ou tant qu'il n'est pas émancipé, qu'un droit purement nominal.

Nous avons dit plus haut déjà que c'est au père qu'appartient l'exercice des actions relatives au pécule, sauf à prendre le consentement du fils, si celui-ci est capable de le donner.

Le fils ne peut disposer de ses biens adventices, ni par acte entre-vifs, ni même par testament; il ne peut non plus les hypothéquer. Justinien a voulu mettre les fils de famille en garde contre la violence des passions de la jeunesse, *coarctare juveniles calores*, pour leur éviter, dit-il, la triste perspective d'un patrimoine en débâcle : ils doivent se féliciter de cette heureuse impuissance de gaspiller leur fortune, puisque les lois et la nature, ajoute l'empereur, ont imposé aux parents l'obligation d'élever et nourrir leurs enfants.

Si le fils ne peut avoir d'héritiers testamentaires pour

5

ses biens adventices, il peut au moins avoir des héritiers légitimes ; en 439, une constitution de Théodose et Valentinien reconnaît aux enfants du fils de famille un droit de succession sur les biens adventices, l'usufruit réservé à leur aïeul, bien entendu. (Loi 3, *De bonis quæ liberis*, Cod. 6, 61.) Plus tard, une constitution de Léon et Anthemius, portée en 469, décida qu'en cas de décès du fils de famille sans descendants, ses biens adventices appartiendraient à ses frères et sœurs, réserve faite, encore, du droit d'usufruit du père. (Loi 4, *cod. tit.* Cod.)

Dans le droit des Novelles (Nov. 118, chap. 2), le père arrive à la succession, à défaut de descendants, en concours avec les frères et sœurs, et acquiert alors sa portion en pleine propriété. Mais réciproquement, il ne peut se réserver aucun usufruit sur la portion échue à ses fils ou filles, ses cohéritiers. *Nullum usum ex filiorum aut filiarum portione in hoc casu valente patre sibi penitus vindicare, quoniam pro hac usus portione, hereditatis jus et secundum proprietatem per præsentem dedimus legem.*

Nous arrivons à parler d'un pécule adventice sur lequel le fils de famille avait la pleine propriété, et que les commentateurs ont appelé pour cette raison *peculium extraordinarium sive irregulare.*

Il existe dans différents cas que nous allons énumérer :

1° A la majorité de l'enfant, lorsque le père s'est remarié. (Loi 2, *De maternis bonis*. Cod. Théodosien.)

2° Lorsqu'une libéralité est faite au fils, à la condition que le père n'aura ni l'usufruit ni aucun autre droit, *neque quodlibet participium.* (Novelle 117, chap. 1er.)

3° Dans le cas de renonciation du père à son usufruit. (Loi 6, § 2, *De bonis quæ liberis*, Cod. 6, 61.)

4° Lorsque, sur le refus du père de faire adition d'une hérédité, le fils fait lui-même adition, mais toutefois avec l'autorisation du juge, s'il est mineur. (Loi 8 pr. et § 1, *eod. tit.* Cod.)

5° L'empereur Adrien força un père de restituer à son fils une hérédité, parce qu'il était prouvé que le père contrevenait au fidéicommis qui lui était imposé : *cum multa in fraudem fideicommissi fieri probaretur.* (Papinien, loi 50, *ad senatus-consultum Trebellianum*, Dig. 36, 1.)

6° Lorsque les époux divorcent sans motifs légitimes, Justinien ordonne qu'ils soient enfermés dans un monastère, et leurs biens attribués à leurs enfants, sans réserve d'usufruit au profit du père. (V. Novelle 134, chap. 11.)

7° Lorsque les frères et sœurs du défunt viennent, en concours avec leur père, partager l'hérédité du *de cujus*, leur portion n'est pas soumise à l'usufruit du père. (Novelle 118, chap. 2.)

Le fils de famille a la pleine propriété de ce *peculium extraordinarium*; il peut en disposer entre-vifs, à titre gratuit et onéreux, intenter des actions en justice et y défendre, mais avec le consentement de son père. (Loi 8, pr., *De bonis quæ liberis*, Cod. 6, 61.)

Toutefois cette incapacité de plaider seul ne lui fut pas préjudiciable, Justinien ayant suspendu la prescription à son profit, tant qu'il resterait sous la puissance paternelle. (Loi 1, § 2, *De annali exceptione*, Cod. 7, 40.)

Mais il ne peut pas en disposer par testament. En effet, Justinien avait défendu aux fils de famille de tester sur leur pécule adventice, *dont leur père avait la jouissance.* (Loi 8, § 5, *De bonis quæ liberis,* Cod. 6, 61.) On s'était demandé si le droit de tester ne résultait pas *a contrario* de cette loi, en faveur du fils, possesseur d'un *peculium extraordinarium.* Mais Justinien refusa la permission de tester, même sur ce pécule, dans la loi 11, *qui testamenta facere possint,* Cod. 6, 22, où il est dit : « ... *Sed antiqua lex per omnia conservetur, quæ filiisfamilias, nisi in certis casibus, testamenta facere nullo modo concedit...* »

Quant à la donation à cause de mort, la plupart des auteurs la regardent comme permise au fils de famille, à l'égard de son pécule extraordinaire. La Novelle 117, chap. 1, § 1, semble en effet être aussi absolue que possible : *licentiam habeant quo volunt modo disponere.*

Les emprunts faits par le fils, possesseur de biens adventices, sont-ils valables? Les textes n'en parlent pas; mais les auteurs sont d'avis qu'il y a lieu de repousser ici, comme en matière de pécules castrense et quasi-castrense, l'application du sénatus-consulte Macédonien, et par conséquent de les déclarer valables.

DEUXIÈME PARTIE

DES EFFETS DE LA PUISSANCE PATERNELLE

A L'ÉGARD DES BIENS DE L'ENFANT

DANS NOTRE ANCIEN DROIT FÉODAL ET COUTUMIER

Le droit romain, introduit dans les Gaules par la conquête, s'y était naturalisé. Le droit national gaulois avait disparu devant lui d'une manière tellement complète que nous n'en connaissons aujourd'hui que les quelques vestiges qu'il a plu à César de nous transmettre dans ses Commentaires. La législation romaine avait donc apporté en Gaule le système de puissance paternelle, avec ses divers pécules, que nous avons étudié précédemment.

Même après l'invasion des Francs, le droit romain se maintint dans le Midi, moins pénétré que le Nord par le germanisme. « Dans les pays, dit Argou, qui sont » régis par le droit écrit, la puissance paternelle donne » au père le droit de jouir par usufruit de tous les biens

» qui appartiennent à ses enfants à quelque titre que
» ce soit, excepté des biens qu'ils ont acquis à la
» guerre, au barreau ou au service de l'Église : ce
» sont les seuls dont les fils de famille puissent dispo-
» ser par testament... La puissance paternelle dure
» jusqu'à ce que les enfants soient émancipés, c'est-à-
» dire tant qu'il plaît au père; car on ne peut pas
» l'obliger d'émanciper ses enfants, quelque âge qu'ils
» aient, et l'on voit souvent dans le ressort du parle-
» ment de Toulouse des hommes de soixante ans et
» plus qui sont encore en la puissance de leur père. »
(Argou, *Institution au droit français*, liv. 1, chap. 4.)
C'est exactement le système romain.

Dans le Nord, les Francs avaient apporté leurs coutumes germaniques, et notamment, au lieu de la *patria
potestas* romaine, exagérée et rigoureuse, organisée dans
l'unique intérêt du père de famille, un pouvoir plus
doux, un pouvoir de garde et de protection, appelé le
mundium, établi principalement dans l'intérêt des
faibles.

Pour les mâles, le mundium prenait fin à la majorité,
qui n'était pas partout la même. Ainsi, nous la trouvons
fixée à douze ans dans la loi salique, à laquelle appartenaient les Mérovingiens; à quatorze ans, dans la loi des
Ripuaires, qui donnèrent à la France la race des Carlo-
vingiens, et au même âge dans la loi des Burgondes. Il
n'y avait pas de majorité différente pour les princes, et
la majorité de quatorze ans devint la loi pour notre ancienne monarchie.

Les femmes étaient soumises à un mundium perpé-
tuel. Elles entraient, à leur naissance, sous le mundium

de leur père; à la mort de celui-ci, sous le mundium de ses parents mâles; en se mariant, elles passaient sous le mundium du mari, que celui-ci acquérait par des modes particuliers qui rappellent la *coemptio* romaine. Chez les Saliens, notamment, l'acquisition se faisait au moyen du sou et du denier, *per solidum et denarium*. C'est ce qui se passa au mariage de Clovis et de Clotilde. Certaines lois barbares laissent le prix du mundium à la libre convention des parties; d'autres le fixent à 200 ou à 300 *solidi*, chiffre que l'on doit considérer comme un maximum.

Il y avait donc loin du mundium germanique à la *patria potestas* romaine, soit quant à sa nature, soit quant à sa durée.

Le mundium était, pour celui qui l'exerçait, le principe d'un droit de succession : c'était à lui qu'on payait le *vergheld* pour le rachat du meurtre, puisque c'était lui qui devait en tirer vengeance en exerçant la *faida*, c'est-à-dire la guerre privée (principe des guerres privées entre seigneurs, au temps féodal).

Chez les Francs, même pendant la minorité de l'enfant, ce que celui-ci acquérait lui appartenait en propre, et ne se confondait pas dans le patrimoine de son père. Seulement, le père avait l'usufruit des biens de ses enfants, tant que durait le mundium, comme aujourd'hui il a l'usufruit légal des biens de ses enfants jusqu'à ce que ceux-ci aient l'âge de dix-huit ans, ou jusqu'à leur émancipation. Ce droit de jouissance appartenait au père, quoique remarié : « *Si tamen filii parvoli sunt, usque ad perfectam ætatem res anterioris uxoris vel dotis causa liceat patri judicare* (c'est-à-dire *disponere*, selon Du Cange),

sic vero has nec vendere nec donare præsumat. » (Formul.
de Marculfe.) Ce texte donne au père la disposition des
biens, sauf le droit de vendre et de donner, ce qui cor-
respond en réalité à notre droit d'usufruit.

Peu à peu cependant l'influence romaine se fit sentir
sur le droit germanique lui-même, et par conséquent
sur le mundium. Quelque chose de l'ancienne *patria
potestas* reparaît. Ainsi, vers le onzième siècle, sous la
double influence des lois romaines et des lois hébraïques,
on avait permis au père de vendre ses enfants, dans une
extrême misère (Capitulaires). Au treizième siècle, un
père pouvait consacrer à la vie ecclésiastique son fils,
même avant qu'il fût né, et Beaumanoir dit que les enfants étaient en puissance tant qu'il plaisait à leurs parents ; dans cette situation, ils n'ont aucun bien qui leur
appartienne en propre ; ce qu'ils acquièrent appartient
à leurs père et mère.

Les Établissements de Saint-Louis se conforment,
quant à l'exercice de la puissance paternelle sur la personne et les biens de l'enfant, à la tradition gallo-ro-
maine. Ce que le fils acquiert appartient à son père, et
tombe dans le patrimoine ; de telle sorte que le fils par
lequel s'est faite l'acquisition, qui a vécu et collaboré
avec le père, qui a travaillé à l'augmentation de la fortune de celui-ci, n'a, dans le partage qui a lieu après la
mort du père, rien de plus que ceux de ses frères qui
n'ont rien mis dans la masse (art 140.)

L'ancienne coutume de Paris (je parle de celle qui
précéda même la première rédaction de 1510) et d'autres coutumes avaient emprunté tout à la fois au *mundium* germanique et à la *patria potestas* romaine : au

mundium pour l'appliquer aux personnes, à la *patria potestas* pour l'appliquer aux biens. Dès lors, plus de droit de vie et de mort sur la personne de l'enfant, plus de droit de le vendre, même *contemplatione extremæ necessitatis*. Mais, d'un autre côté, application des règles rigoureuses du droit romain, en ce qui concernait les biens de l'enfant; ces règles furent même étendues en ce sens que la puissance du père fut accordée également à la mère. De cette combinaison des règles germaniques et des règles romaines résulta une situation, appelée *mainburnie*, dans les vieux coutumiers. (*Décisions* de Jean Desmares, art. 281; *Somme rurale* de Jean Bouteiller.) Les acquisitions du fils en puissance appartenaient au père et à la mère, ce qui résulte d'une sentence du Parloir aux Bourgeois, rendue, sur l'avis demandé par le prévôt de Paris, le 12 juin 1293 : « Il fut répondu, registré, témoigné et » accordé que les enfants demeurant avec le père ou » avec la mère, s'ils font aucun acquêt, ils sont acquis » au père ou à la mère. » Nous trouvons une décision semblable au quatorzième siècle, dans le Grant Coustumier de Charles VI : «Nota que qui donne aux enfants » qui sont en la puissance du père et de la mère, c'est » tout au père et à la mère, si le don n'est causé; et si » la cause du don cesse, revient ledit don au père et à » la mère par la coutume. — Par la coutume notoire » de la prévosté et vicomté de Paris, laiz ou don qui » n'est pas causé, laissé ou donné à aucun enfant étant » en la puissance du père est propre acquêt au père et » à la mère, en la garde desquels il est; voire encore » s'il y a cause et que dite cause cesse. » Ce qui

résulte encore *à contrario* de ce qui suit : « Quand
» un parent faisait une donation à aucun étant en
» puissance, son père n'y avait ni propriété ni usu-
» fruit. » (*Déc.* de Jean Desmares, art. 230-248.)
L'exception introduite dans le but de favoriser les
libéralités faites par des parents confirme la règle d'a-
près laquelle la libéralité faite au fils en puissance par un
étranger était acquise au père.

Le droit alors en usage à Paris était, en cette matière,
le droit commun, puisque l'on rencontre semblables
dispositions chez J. Faber, qui écrivit sur les coutumes
d'Angoulême, et chez Masüer, commentateur des usages
d'Auvergne. (J. Faber, *Cod. VI*; Masüer, *Practica fo-
rensis.*)

Au quinzième siècle, l'usage de Paris est fidèle à la
tradition du quatorzième, et l'art. 32 des *Notables Points
de l'usage de France* reproduit presque textuellement la
règle précédemment citée du Grant Coustumier : « Laiz
» ou don qui n'est point causé, laissé ou donné à autrui
» étant en poüsté, est propre acquêt au père ou à la
» mère, en quel garde il est. » Or, à cette époque,
étaient en puissance, c'est-à-dire mineurs, le garçon de
moins de quatorze ans, et la fille de moins de douze,
s'ils étaient de condition bourgeoise ou roturière; et le
garçon de moins de seize ans, et la fille de moins de
quinze ans, s'il s'agissait de nobles.

Ce ne fut pas toutefois sans obstacles que la puissance paternelle, telle que nous venons d'en voir les
effets, parvint à se maintenir jusqu'au quinzième siècle.
Les attaques ne lui furent pas ménagées; on la signalait
comme contraire au droit qui avait triomphé sous Justi-

nien contre le droit rigoureux des temps antérieurs.
« *Hoc est contra jus, quare ista sunt bona adventicia et filiis queruntur quoad proprietatem, posito etiam quod sint in potestate parentum, et ita multo fortius ipsis a patria potestate liberatis per mortem patris queri debent.* » (Aliqua curiœ parlamenti, glos. sur l'art. 2.)

Ce droit de puissance paternelle ainsi attaqué était donc chancelant, et ne subsistait plus guère que grâce à un respect exagéré pour une longue tradition. Il sombra dans les tempêtes intérieures et les déchirements qui bouleversèrent le royaume du quinzième au seizième siècle ; et lors de la rédaction des Coutumes, la maxime « *Droit de puissance paternelle n'a lieu* » l'emporta dans la plupart des pays coutumiers.

Le droit de l'époque précédente persista, il est vrai, dans quelques coutumes. Vitry, art. 100 : « Par la coustume générale dudit bailliage, un testateur... peut disposer... à personne capable, qui n'est son héritier présomptif, ou enfant en bas aage, voulrie et non émancipé : *pour ce que tel don retourneroit au père ou à la mère dudit enfant*, auquel ledit testateur n'auroit peu faire ledit laiz... » — Rheims, art. 6 : « Fils et filles de famille sont *en la puissance* de leur père, et n'en sortent qu'ils ne soient aagez de vingt ans, ou qu'ils ne soient mariez ou émancipez. » — (*Sic* : Chartres, 103 ; Montargis, chap. 7, art. 2 ; Bourbonnais, 168.)

La coutume de Senlis, rédigée en 1539, fut la première qui consacra dans son texte la règle nouvelle (art. 221), ajoutée sur la demande expresse des députés des Trois États. (*V.* procès-verbal des coutumes de Senlis, *Coutumier général de Richebourg*, tom. 2, page 758.) Loysel l'admit dans ses Institutes Coutumières, et elle fut reçue comme maxime dans la jurisprudence française. La tradition germanique triompha donc d'une manière complète de la tradition romaine, et c'est ainsi que la puissance paternelle passa, avec ce nouveau caractère, dans notre législation actuelle.

La confusion des biens roturiers des enfants dans le patrimoine de leurs père et mère cessait, aux treizième et quatorzième siècles, au second mariage du père ou de la mère, et à Paris dès la dissolution du mariage ; la règle suivie à Paris ne devint générale qu'au moment de la rédaction des Coutumes.

A la même époque, le même régime s'appliquait aux possesseurs de biens nobles pour leurs personnes et pour leurs biens non nobles ; mais pour leurs biens nobles, un régime différent s'était établi dès le neuvième siècle : la garde seigneuriale.

A partir de ce moment, tout ce que nous allons dire suppose dissous le mariage des père et mère par le prédécès de l'un d'eux. L'enfant est héritier du défunt, et il s'agit de savoir quel régime va être appliqué à ses biens. Nous allons donc passer en revue les différentes institutions qui se sont succédé, en suivant l'ordre chronologique.

La première qui se présente à nous est la *garde seigneuriale*, qui fut en vigueur du neuvième au treizième siècle, et qui persista en Normandie jusqu'à la Révolution.

Nous étudierons ensuite le *droit de bail*, puis la *garde roturière*, qui remplirent le treizième siècle.

Nous passerons enfin à la *garde noble et bourgeoise*, qui dura du quatorzième siècle jusqu'à la Révolution.

I

GARDE SEIGNEURIALE.

Les concessions de fiefs avaient eu lieu moyennant certains avantages stipulés au profit du concédant, et notamment sous la condition du service militaire. Lorsque les concessions, de viagères qu'elles étaient, furent devenues héréditaires (ce qui eut lieu sous la deuxième race, aux huitième et neuvième siècles), le fief put passer à un vassal mineur, hors d'état de faire le service militaire pour le compte du suzerain. La concession n'était pas pour cela retirée. L'usage s'établit que le seigneur reprît le fief comme suzerain et comme gardien né du vassal mineur; il en percevait les revenus, pour les appliquer en partie au payement d'un homme d'armes, chargé de faire le service du fief au nom du vassal, et à l'entretien et éducation du vassal. Le surplus restait au seigneur. Si les revenus n'étaient pas suffisants pour parer à ces dépenses, on y suppléait par une taille *ad hoc* imposée aux serfs du domaine.

Cette combinaison avait, en pratique, un inconvénient, qui consistait dans les charges imposées au suzerain, tout le temps que durait la minorité de son vassal. Si, en effet, le gardien avait la jouissance du fief, d'un autre côté il perdait son droit de rachat ou de relief, c'est-à-dire le droit d'exiger une certaine somme à chaque mutation de vassal (Cout. de Normandie, art. 225), notamment en cas de mutation par succes-

sion. Il ne pouvait rien faire qui ressemblât à une aliénation, et il devait acquitter toutes les dettes du vassal
relatives au fief.

Ces inconvénients firent renoncer les seigneurs à exercer par eux-mêmes le droit de garde. En Bretagne, il y
eut transaction. D'Argentré (*Hist. de Bretagne*, liv. 4,
ch. 178) rapporte « que la garde noble royale et sei-
» gneuriale fut changée en *rachat* par accord et traité
» fait entre Jean, duc de Bretagne, fils de Pierre Mau-
» clcr, et les nobles de ce duché, comme il se voit par
» lettres données à Nantes, le samedi avant la Saint-
» Hilaire, l'an 1275. » C'est ce qui est en effet mentionné dans l'ancienne Coutume de Bretagne, art. 78,
et dans la nouvelle, art. 67, aux termes desquelles, à la
mort d'un possesseur de fief, quel que soit l'âge de ses
héritiers, qu'ils soient majeurs ou mineurs, « le prince
ou autre ayant-droit de rachat » acquiert les revenus
d'une année.

La garde seigneuriale ne disparut pourtant pas complétement. Elle subsista en Normandie, ainsi que la
garde royale, jusqu'à la Révolution. (Décret des 15-28
mars 1700, art. 12.)

La garde royale n'est autre chose que la garde seigneuriale ; seulement elle appartient au roi à l'égard de
ses vassaux immédiats. Il y a bien entre elles quelques
différences : par exemple, aux termes de l'art. 223 de
la Coutume de Normandie, la garde noble seigneuriale
finit après que le mineur a vingt ans accomplis, tandis
que la garde royale ne cesse que quand il a vingt-un
ans accomplis. De plus, la garde royale, quand elle a
lieu, absorbe la garde seigneuriale à tel point que le roi

à la jouissance non-seulement des fiefs tenus immédiatement de lui, mais encore de tous les autres fiefs nobles, rotures, rentes et revenus tenus d'autres seigneurs que de lui, médiatement ou immédiatement. Au contraire, quand il s'agit de la garde seigneuriale, le seigneur ne jouit que des fiefs tenus immédiatement de lui et non de ceux que le vassal mineur tiendrait d'autres seigneurs. (Cout. de Normandie, art. 125 et 126).

Les biens qui ne tombent point en garde sont régis par des tuteurs (art. 127).

II

DROIT DE BAIL ET DE GARDE NOBLE.

A part donc la Normandie, le reste du territoire franc vit disparaître la garde seigneuriale. Une nouvelle combinaison y succéda : la *garde noble* et le *bail*, qui se montrent à nous, créés de toutes pièces, dans les Assises de Jérusalem.

La garde seigneuriale s'était appliquée à la fois à la personne du vassal et à ses biens. La garde noble, au contraire, se subdivisa en garde de la personne et en bail ou administration lucrative des biens. La garde et le bail n'appartinrent pas à la même personne : le bail appartint à l'héritier présomptif du fief; la garde fut confiée au plus proche des parents, parmi ceux qui n'étaient pas héritiers présomptifs, et au plus âgé s'ils étaient plusieurs du même degré. Toutefois, si le père ou la mère existait, c'était à cette personne que le bail entier appartenait.

Cette distinction entre la garde et le bail, et cette dévolution de la garde à une autre personne qu'à l'héritier présomptif, indiquent quelles défiances avaient conduit à ce résultat. Ces défiances sont parfaitement mises en lumière dans les Établissements de Saint-Louis, qui donnent le bail à l'héritier présomptif, et la garde à l'un des parents et amis du père : ceux qu' i ont « le retour de la terre » ne doivent pas avoir la garde des enfants, car, dit l'art. 117 « soupçons est qu'ils ne » vousissent plus la mort des enfants que la vie pour la » terre qui leur escherroit. »

Nous rencontrons la même disposition dans les Anciens Usages d'Artois, recueillis par un praticien demeuré inconnu, vers la fin du treizième siècle, selon Klimrath, ou vers le commencement du quatorzième. D'après ces Usages, le bail s'appliquait à l'administration des biens, la garde à la personne : « Par notre » coustume, dit le praticien d'Artois, la mère si dou » père défaut, ou li père si li mère défaut, doit avoir » le bail et la garde avant tous autres. Et si le père et » la mère aloient de vie à mort et eussent hoir, cel qui » poroit avoir la terre par la mort de l'hoir n'en auroit » mie la warde. » (*Anciens Usages*, tit 30; M. Laferrière, *Hist. du Droit français*, tome VI, page 25.)

Même disposition enfin dans une ordonnance de saint Louis, du mois de mai 1246, où il est dit : « *Ille autem qui tenet ballum, si terra debet ad ipsum devenire, non habet custodiam puerorum, imo propinquior post ipsum.* »

D'après les Établissements de saint Louis, s'il s'agit d'un mineur roturier, il n'y a pas lieu à la distinction que nous venons de voir entre le bail et la garde ; le même individu a la garde de la personne du mineur et l'administration de ses biens.

C'est, du reste, selon Beaumanoir, le système admis, même en matière de garde noble, par les Coutumes de Beauvoisis : l'héritier présomptif du fief obtient à la fois le bail et la garde, à moins qu'il n'y ait danger pour l'enfant ; et même la garde, une fois donnée, peut être retirée à la personne qui s'en montrerait indigne ou qui présenterait peu de garantie pour la sécurité du mineur. Beaumanoir prévoit expressément le cas où le gardien aurait une mauvaise réputation, et le cas où, accusé d'un crime, il ne s'en serait pas tiré à son honneur. (Cout. de Beauvoisis, chap. 21, n° 14.)

Nous trouvons à la même époque, au treizième siècle, un autre système de garde noble, organisé dans un recueil d'usages et de décisions judiciaires intitulé : « *Li Droict et lis Coustumes de Champaigne et Brie, que li Roys Thiebaulx establi.* » Le survivant des père et mère, ou à leur défaut l'aîné, s'il se trouve majeur, obtient la garde du vassal mineur : « Il est coustume, en
» Champaigne, que se une dame demeure veve, et elle
» ha petits enfens, elle en doit avoir le bail et l'avouerie,
» et emporte les meubles et les daux (dottes), se elle les
» veuelt prenre... » (Art. 5.) — « Se enfens noble de-
» meurent de père et mère, se il y a hoir aisné, il doit
» avoir l'avouerie de ceaulx qui sont soubsaagiez... »
(Art. 20.)

L'acceptation du bail n'était que facultative pour les

personnes que la Coutume y appelait : ces personnes pouvaient le refuser. Il pouvait aussi arriver que le mineur orphelin n'eût aucun parent qui pût être chargé du bail. Enfin, le baillistre actuel pouvait être destitué. Dans ces différents cas, l'on retombait dans la garde seigneuriale. Seulement, elle n'était pas aussi onéreuse que dans la période précédente. Le seigneur n'était plus tenu de payer les dettes du vassal, à raison du fief : elles restaient à la charge de ce vassal, qui devait les payer à sa majorité. Il n'était tenu que de pourvoir à l'entretien et à la nourriture du mineur, de lui « livrer vesture et pasture » selon sa condition, et encore, uniquement au cas où l'enfant ne posséderait aucun bien en vilenage, ou seulement des biens insuffisants ; c'était là tout ce que le seigneur devait distraire des revenus du fief, qu'il continuait de percevoir pour lui-même tant que durait la garde.

Quels événements mettaient fin au bail? C'est ce que nous allons examiner.

La première cause que nous ayons à relater, la cause normale, pour ainsi dire, de l'extinction du bail, c'est la majorité du vassal. Ajoutons : la majorité de l'aîné des enfants; car, selon Beaumanoir, c'est à celui-ci à « fere » homage au seigneur de sa partie, et tenir le bail de ses » freres et de ses serours sous aagiez. »

L'âge de la majorité variait. Il était communément de quinze ans pour les mâles et de douze ans pour les femmes (Cout. du Beauvoisis).

D'après la Coutume de Champagne et Brie que nous avons déjà citée, la femme atteignait sa majorité à onze ans. « Se il y a hoir masle, si tost comme il est au quin-

» zicsme an, il doit reprenre du seigneur; et se il ny a
» que filles, si tost comme elles auront unze ans, elles
» devront reprenre du seigneur... Quar hom est hors
» davourie au quinziesme an, et femme le unziesme an.
» Ce fu jugé à Troyes, l'an M.CC.LXXVIII. » (*Li Droict
et lis Coust. de Champaigne et Brie*, chap. V.)

En Champagne, la majorité de la fille était donc une
cause de cessation du bail. Mais il n'en était pas partout
ainsi, et la règle générale indiquée par les Assises de
Jérusalem était que le bail ne cessait qu'au mariage de
la fille. De plus, dans les pays qui la faisaient sortir du
bail à sa majorité, elle pouvait y retomber : c'était lorsqu'elle épousait un mineur. L'intérêt du baillistre était
donc de la marier à un mineur, afin de prolonger son
droit de jouissance, mais les parents de la vassale pouvaient demander à la justice la déchéance du baillistre.

Lorsque le terme du bail était la majorité, le mariage
de la fille, antérieur à sa majorité, ne la faisait pas sortir du bail : « Mariages n'acource pas le tans, » dit
Beaumanoir.

Le bail pouvait continuer, malgré la majorité du vassal, sauf, bien entendu, le droit du suzerain, qui devait
voir là un accord frauduleux entre le baillistre et le
vassal, dans le but de le priver de son droit de rachat.

La majorité du vassal, le mariage de l'héritière, ce sont
là, avons-nous dit, des causes normales de cessation du
bail.

Mais le bail pouvait encore prendre fin par une cause
exceptionnelle, la déchéance du baillistre pour forfaiture,
car le baillistre tenait le fief appartenant au mineur,
moyennant foi et hommage au suzerain de ce mineur.

et était comme tel soumis à toutes les obligations qui
liaient le vassal au suzerain. Dans le cas de forfaiture, le
seigneur reprenait le fief, et alors avait lieu la garde seigneuriale, telle que nous l'avons vue dans sa seconde
période, c'est-à-dire lucrative pour le seigneur.

Voyons maintenant en quoi consistait le droit du baillistre.

Le baillistre avait la pleine propriété, d'abord des
meubles laissés par le défunt dont le vassal était héritier,
à l'exception de ceux dont le *de cujus* avait disposé par
testament; puis de tout ce qui advenait au mineur,
pendant le bail, à l'exception de ce qui lui était laissé
par testament.

Le baillistre faisait siens les revenus du fief. Il avait
la jouissance, et, pour déterminer ce qui entrait dans la
jouissance, au commencement ou à la fin du bail, on
s'attachait au fait de la perception.

Il avait, disons-nous, les revenus du fief, mais sauf
une exception. Le cheval de guerre, dû par chaque vassal
à son seigneur, appartenait au mineur lui-même, suzerain
d'autres vassaux, et non au baillistre. Ce n'était pas,
en effet, un revenu périodique, mais bien l'acquittement
d'une obligation qui ne devait peser qu'une seule fois
sur le vassal.

Il pouvait engager le fief, mais seulement pour la
durée du bail. Le vassal, devenu majeur, n'est pas tenu
des obligations contractées sur le fief par son baillistre.
(Nous examinerons plus tard si, aujourd'hui, sous le
Code Napoléon, le père ou la mère qui a l'usufruit légal de l'art. 384, peut hypothéquer ce droit d'usufruit.)

M. Demangeat (*Étude historique sur le droit de bail*

ou de garde, Revue de droit français et étranger, 1845 et 1847) classe ainsi les obligations imposées au baillistre, qu'il ramène à cinq, savoir :

1° L'accomplissement de toutes les charges qui sont en général imposées à la personne qui tient un fief. — Celui qui tenait un fief devait, avant toutes choses, faire hommage au seigneur duquel mouvait le fief. C'était le préliminaire indispensable pour prendre régulièrement possession. Cet hommage entraînait à la charge du vassal diverses obligations, au nombre desquelles se trouvait le rachat, c'est-à-dire le payement au seigneur d'une année des revenus du fief. Celui qui négligeait de faire hommage s'exposait à voir le seigneur reprendre le fief pour le garder autant de temps que le vassal l'avait tenu sans faire hommage ; lorsqu'il s'agissait d'un baillistre négligent, le seigneur ne pouvait retenir le fief au delà de la majorité du mineur.

En principe, le rachat était dû par quiconque tenait un bail ; mais il y avait exception en faveur du survivant des père et mère du mineur, et en faveur de son frère. « *Dominus non habet rachatum de patre ad filium, nec de fratre ad fratrem, et omnes alii qui tenent ballum debent hommagium domino et debent solvere rachatum... Ille qui tenet ballum debet facere hommagium domino, et solvere rachatum, nisi sit frater defuncti.* » (Déclaration de saint Louis, de 1246.)

La mère survivante est donc exempte du rachat, mais elle y est soumise si elle convole en secondes noces : *Relicta* (la veuve) *alicujus nobilis vel alterius feodati habet in Andegavia* (l'Anjou) *ballum liberorum suorum et terræ, et non facit rachatum, nisi se maritet.* Dans ce

cas de convol, c'est le nouveau mari qui doit faire hommage et payer le rachat : *Si relicta nobilis vel alicujus
alterius feodati se maritet, maritus suus facit hommagium domino et solvit rachatum, et rachatum est valor
terræ unius anni.* (Même ordonn. de saint Louis.)

2° L'obligation d'administrer et de conserver en bon
état tous les héritages : laquelle découle de la nature
même du droit qui est accordé au baillistre sur le fief,
droit temporaire, que M. Demangeat (*loco citato*) com-
pare au droit qu'a encore aujourd'hui le grevé de substitution.

3° Le payement des dettes de l'héritier, obligation
qui avait pour corrélation l'acquisition des meubles par
le baillistre : *Qui bail prend, quitte le rend.* L'acquisition du bail, avons-nous dit, était facultative, mais une
fois faite elle était irrévocable. Elle opérait novation du
droit des créanciers : ceux-ci avaient alors pour débiteur,
non plus le vassal, mais le baillistre, sauf dans quatre
cas indiqués par Beaumanoir : 1° déconfiture du baillistre ; 2° absence du créancier pendant la durée du bail ;
3° cas où, par suite de la forfaiture du baillistre, le seigneur prend le fief : les dettes qui excèdent les revenus
du fief sont payées pour le surplus par l'héritier ;
4° cas où une dette ne devient exigible qu'après la fin
du bail : mais alors l'héritier a un recours contre le
baillistre.

4° L'entretien de l'héritier. La somme nécessaire à
cet entretien devait être prise sur les revenus du fief,
exclusivement. Si ces revenus étaient insuffisants, le
baillistre ne pouvait prendre les revenus des biens en
vilenage du mineur, pour compléter cette somme. Dans

ce cas, il devait entretenir le mineur de ses propres deniers.

5° La nécessité de fournir certaines sûretés, suivant
les cas, notamment pour garantir le payement du droit
de rachat, lorsqu'il n'était pas effectué immédiatement,
au moment de la prestation de l'hommage. Le seigneur,
qui négligeait de requérir les sûretés dont nous parlons
était censé renoncer à son droit de rachat.

Le baillistre pouvait être contraint par le seigneur de
garantir le payement de l'indemnité due au vassal pour
les dégradations commises sur les héritages et le mauvais entretien du fief.

Il devait également, si on l'exigeait, garantir la restitution des revenus des biens en vilenage : la sûreté était,
dans ce cas, offerte aux amis du vassal ou au seigneur.
Faute de la donner, la justice pouvait mettre ces revenus
en séquestre.

Relatons encore l'obligation, pour le baillistre, de
donner caution pour le payement des dettes du mineur,
lorsque, demeurant hors de la seigneurie, il n'avait,
dans le ressort de celle-ci, aucun bien suffisant pour
garantir ce payement.

Enfin, le baillistre auquel est en même temps dévolue
la garde, doit garantir aux parents du mineur qu'il ne le
mariera pas sans leur consentement.

Lorsque la garde et le bail sont remis entre les mains
de la même personne, cette personne est un véritable
tuteur sans l'autorité duquel l'héritier ne peut faire
aucun acte. Lésé, celui-ci peut en demander l'annulation.

Tout ce que nous venons d'exposer se trouve indiqué

par Beaumanoir, *Coutume du Beauvoisis*, chapitres 15 et 21.

Le droit de bail, à son origine, ne pouvait se comprendre que s'appliquant à un fief : c'était pour éviter la saisie féodale, qui aurait eu lieu « faute d'homme, » que le survivant des père et mère, ou le plus proche parent du mineur, prenait en main le fief et le possédait, acquérant les fruits et les meubles.

L'origine de ce droit excluait donc l'idée qu'il pût s'appliquer à une tenure roturière, à un bien en vilenage.

Mais le droit de bail ne dura pas longtemps avec les caractères que nous venons de lui reconnaître. Il ne tarda pas à se transformer profondément, et à devenir personnel, de réel qu'il était. Le droit de bail était une prérogative attachée à la noblesse de la terre ; le droit de garde, qui le remplaça, fut une prérogative attachée à la noblesse du sang. Le droit de bail s'appliquait à un fief, et ne pouvait s'appliquer qu'à un fief ; peu importait, du reste, que le possesseur fût noble ou roturier ; le droit de garde s'appliqua à la personne noble, et pouvait porter même sur des biens roturiers, si ces biens étaient possédés par le mineur noble.

Nous devons d'ailleurs ajouter que quelques coutumes ont conservé à la garde noble son caractère de réalité. (Cout. de Vermandois, art. 26 ; Clermont, art. 170 et 176.)

De Laurière (*Glossaire du Droit français*, v° *Bail*) indique en ces termes les autres changements que la suite des temps apporta à l'exercice du droit de bail : « Les baux, par succession de temps, devinrent, pour

» ainsi dire, un pillage, car les baillistres, non contents
» d'avoir tous les fruits et les profits des fiefs de leurs
» mineurs, usurpaient encore les meubles, et, après les
» meubles, ils usurpaient les fruits des héritages en
» roture. On fut enfin obligé de restreindre les baux ou
» les gardes, et, pour cet effet, on ne permit plus, pres-
» que partout, aux collatéraux, et en quelques coutumes
» aux aïeuls et aïeules mêmes, d'être baillistres ou
» gardiens. Et afin qu'à défaut de bail les seigneurs ne
» pussent pas saisir, par faute d'hommes, les fiefs qui
» relevaient d'eux, on les obligea de donner souffrance
» aux mineurs, et l'on arrêta que la souffrance vaudrait
» foi tant qu'elle durerait. On ne permit plus aux nobles,
» dans quelques coutumes, de prendre les meubles des
» mineurs dont ils auraient le bail...; on abrégea, en
» plusieurs endroits, le temps des gardes, et l'on or-
» donna, dans plusieurs coutumes, qu'elles finiraient
» par les deuxièmes noces tant des pères que des mères,
» et dans d'autres par les deuxièmes noces des mères
» seulement. »

III

GARDE ROTURIÈRE

Le droit de bail, tel que nous venons de l'exposer,
suppose essentiellement l'existence d'un fief dans le
patrimoine du mineur. Mais qu'arrivait-il quand le mineur ne possédait que des biens roturiers? Beaumanoir
(*Cout. de Beauvoisis*, chap. 15 et suiv.) nous apprend

quel système on suivait à cet égard et quelles règles on pratiquait.

Par opposition au *bail,* on appelait *garde* le droit qui s'exerçait sur la personne et les biens du mineur, lorsque celui-ci ne possédait que des héritages roturiers, des biens en vilenage. Le même individu avait la garde de la personne et l'administration des biens.

Et d'abord, — pour suivre le même ordre que précédemment, en traitant du droit de bail, — la garde est confiée au plus proche parent du mineur qui veut bien l'accepter, « li plus prochains du lignage as enfans, se » il veut, » car, de même que pour le bail, l'acceptation de la garde n'est que facultative, ce qu'il importe d'autant plus de faire remarquer, que la garde n'est pas lucrative comme le bail.

Beaumanoir excepte des personnes auxquelles peut être confiée la garde celles qui en seraient incapables ou indignes, et il exclut notamment celui qui aurait mauvaise réputation, ou qui serait atteint de démence, ou de cécité, l'homme prodigue ou pauvre, à moins qu'il ne donne caution, enfin le sourd et le muet.

A défaut de gardien, on retombe dans la garde seigneuriale, et alors il y a lieu de nommer un tuteur.

Le bail, avons-nous dit, cesse par la majorité de l'enfant qui y est soumis. Il en est de même en matière de garde. Seulement il y avait désaccord entre les anciens jurisconsultes sur l'âge auquel l'enfant devient majeur. Ainsi, selon Beaumanoir, la majorité arrive dans notre matière comme en matière de bail, à quinze ans pour les hommes et à douze ans pour les femmes. Au contraire, d'après Jean Desmares (*Décis.* 140), d'après le Grant

Coustumier de Charles VI (liv. 2, ch. 12), et enfin, d'après les auteurs anglo-normands (Britton, Le Fleta), il y a une majorité différente pour les possesseurs de fiefs et pour les possesseurs de biens roturiers : les nobles sont majeurs à vingt-un ans pour leurs héritages nobles, et à quatorze ans pour leurs biens en vilenage ; les roturiers sont majeurs, les hommes à quatorze ans, et les femmes à douze ans. Cette diversité n'a rien qui doive étonner dans le système féodal ; le service militaire imposé au possesseur du fief en faveur de son suzerain exigeait, en effet, une force physique plus grande que les occupations laissées alors aux vilains, auxquels il suffisait de « savoir descrecion » de terres gayner, dras auner, deners counter et sage- » ment marchaunder. » (Britton).

Dans notre matière, il ne peut être question d'extinction du droit du gardien pour forfaiture, la forfaiture supposant un fief et des rapports de vassal à suzerain.

Le mariage de l'héritière mettait fin au droit de bail, dans le droit féodal pur, c'est-à-dire dans sa première phase. Du temps de Beaumanoir, il n'en était plus ainsi : « Mariage n'accource pas le tans ; » le baillistre avait l'administration et la jouissance des biens du vassal mineur ; l'émancipation de celui-ci par le mariage aurait fait cesser la jouissance ; or, cette jouissance était un droit pour le baillistre. Au contraire, ainsi que nous le verrons tout à l'heure, la garde ne donnait pas au gardien le droit de jouissance ; il était donc naturel de revenir à ce que commandaient l'équité et l'intérêt de l'enfant, et de déclarer ce dernier émancipé par le mariage.

La garde, dont nous nous occupons en ce moment, comprenant à la fois la garde de la personne et l'administration des biens, ressemblait à une tutelle. Un autre point de ressemblance, outre cette réunion des deux qualités de gardien et d'administrateur, c'était l'absence de tout émolument pour le gardien. La garde n'était pas fructuaire et lucrative, comme l'était le bail. Mais nous avons vu plus haut qu'il n'y avait lieu à tutelle qu'autant que, personne ne se présentant pour remplir les fonctions de gardien, on recourait à la garde seigneuriale.

A part cette différence entre le bail et la garde résultant de ce que le bail est lucratif pour le baillistre, tandis que la garde ne l'est pas pour le gardien, il existe entre ces deux qualités une certaine ressemblance. Ainsi, au nombre des obligations du baillistre, se trouve celle d'entretenir et conserver en bon état les héritages du mineur : cette obligation tourne, il est vrai, à l'avantage du baillistre, puisqu'il a la jouissance des biens nobles. Elle existe également à la charge du gardien, et d'autant plus stricte que le gardien n'est, lui, qu'un administrateur comptable, et non un usufruitier.

Mais la différence dont nous parlions tout à l'heure entraîne plusieurs conséquences fort importantes. Nous avons noté, en traitant du droit du bail, la maxime : « Qui bail prend, quitte le rend, » et partant, l'obligation du baillistre de payer toutes les dettes afférentes au fief, obligation qui découlait de la circonstance qu'il faisait siens les revenus du fief : *Ubi emolumentum, ibi onus esse debet.* La règle inverse devait naturellement s'appliquer au gardien : le gardien qui ne percevait au-

cun émolument n'avait, à la fin de la garde, qu'une
chose à faire : rendre les biens tels qu'ils se trouvaient,
avec les fruits qu'il avait perçus au nom du mineur, et
appliqués à son entretien et éducation, ou capitalisés ;
mais aussi, avec les dettes qui pouvaient grever encore
la fortune de ce mineur. Il était administrateur comptable, et, comme tel, il avait le droit de se faire rembourser les impenses qu'il avait faites dans l'intérêt de
sa gestion. — Une autre conséquence de la même idée
était la suivante : Le mineur avait-il un fief, le baillistre devait, pour son entretien, prendre sur les revenus du fief, et, s'ils étaient insuffisants, sur ses propres
biens, quand même le vassal aurait possédé des biens
roturiers. Si le mineur n'avait que des biens roturiers, il
y avait lieu à la garde roturière, et le gardien n'était
obligé d'affecter à l'entretien de l'enfant que les revenus des biens de ce dernier.

Le gardien, qui avait en même temps la garde et
l'administration, était, comme nous dirions aujourd'hui,
civilement responsable des méfaits du mineur ; mais il
avait aussi le droit d'opposer l'exception de discussion
sur les biens de son mineur.

Le gardien est tenu de donner les mêmes garanties et
sûretés que le baillistre, notamment : pour le bon entretien des héritages, pour le compte qu'il a à rendre à
la fin de ses fonctions, pour la défense qui lui est faite
de marier le mineur de sa propre autorité ; en un mot,
il doit donner « seurté et caution spéciale qu'il rendra le
» pupille, au chef de son âge, sans soin et sans dette, et
» sans loien de mariage. » (Bouteiller, *Somme rurale*,
liv. 1, ch. 93.)

A l'époque dont nous étudions le droit, c'est-à-dire au
treizième siècle, se trouvait en pleine vigueur une institution qui avait sa source à la fois dans un état de choses
naturel et dans un intérêt bien entendu des seigneurs, je
veux parler des communautés taisibles (c'est-à-dire taci-
tes) de serfs. Ce n'est pas ici le lieu d'entrer dans des
développements à ce sujet ; disons seulement qu'elles se
formaient, selon Beaumanoir, par la vie commune « au
pain et au pot » pendant un an et un jour, et il en donne
pour motif que les meubles de l'un et de l'autre sont
mêlés ensemble (1).

Qu'une pareille communauté existe entre le gardien
et le mineur pendant le délai requis, et alors se trouvent modifiées les règles que nous indiquions tout à
l'heure. Dans ce cas, lorsque cesse la communauté, on
procède à un partage par moitié entre le gardien et son
pupille. S'il y avait plusieurs mineurs compris sous la
même garde, tous ne formaient qu'une tête. Si nous supposons le mariage d'un homme veuf et d'une femme
veuve ayant chacun des enfants d'un précédent mariage,
il y avait alors lieu à faire quatre parts.

Notons qu'il ne pouvait y avoir de communauté tai-
sible qu'entre roturiers, et non entre nobles.

Nous donnerons ici une règle analogue à celle que
nous avons déjà donnée en matière de bail ; c'est que le

(1) A partir de l'ordonnance de Moulins (1566), il ne put plus y avoir
de ces sociétés taisibles, puisqu'elle exigeait que toute convention, ayant
pour objet une valeur de plus de cent livres, fût constatée par acte notarié.
Néanmoins, la force de l'habitude fut telle que l'on vit, jusqu'à une époque
très-rapprochée de la nôtre, des débris de ces associations ; et naguère
M. Dupin aîné décrivait une pareille société de laboureurs qu'il avait ren-
contrée dans le Nivernais, la communauté des Jouault.

gardien a « l'autorité » d'un tuteur, sans laquelle le mineur ne peut rien faire. L'acte dans lequel il serait lésé est rescindable à sa majorité.

Dans le midi de la France, qui n'avait, comme nous l'avons dit plus haut (page 69), subi que très-superficiellement l'influence du germanisme et de la féodalité, on en était encore aux pécules du droit théodosien, analysé dans le *Bréviaire d'Alaric* et les *Exceptiones Petri*, composées à Valence au onzième siècle. Pierre de Fontaines lui-même, qui écrit sur les coutumes du nord de la France, mais qui, en réalité, ne fait que revêtir d'un langage germanique et féodal les idées romaines, reproduit la loi 4, Dig. *De judiciis,* ainsi conçue : *Lis nulla nobis esse potest cum eo quem in potestate habemus, nisi ex castrensi peculio,* dans cette traduction libre : « Nos ne « poons avoir nul plet (procès) encontre celui qui est « en notre poeste (puissance), for por châtel qu'il a con- » quis en chevalerie. » Ce « châtel conquis en cheva- » lerie, » c'est en effet exactement le pécule castrense du droit romain.

On peut voir dans les *Fors et costumas de Béarn,* rédigés en 1551 (V. le *Coutumier général de Richebourg,* tome IV, page 1086), à quel point le droit romain a persisté dans le Midi. Voici la traduction de la *Rubrica de pay et filh :* « Les gains faits par le fils avec les biens du père, pendant la vie de celui-ci, appartiennent en propre au père, tant en propriété qu'en usufruit.—Mais si des biens adviennent au fils par succession ou donation, l'usufruit appartient au père ou à l'aïeul, en la puissance duquel le fils se trouve ; quant à la nue-propriété, elle demeure au fils. — Les gains qu'il doit à sa bravouro ou à son industrio lui restent en propriété et usufruit, mais à la chargo do nourrir son père, si besoin est. — Lo père perd, par son second mariago, l'usufruit des biens que lo fils avait du chef do sa mèro décédéo, sauf oncoro la detto d'aliments au profit du père... »

IV

GARDE NOBLE ET BOURGEOISE.

Nous avons dit plus haut quo lo droit do gardo noblo et do bail avait, après lo treizième siècle, subi une nouvelle évolution, et que, dans cotto nouvollo phaso, la gardo noblo était relativo non plus à la condition des biens, mais à la condition du minour propriétairo des biens. Du ncuvièmo au treizième siècle, ello était noblo à deux points do vue, parce qu'alors, do fait, les biens nobles n'étaient possédés que par des nobles. Au quinzième siècle, les institutions féodales sont déjà en déclin ; les rolations entre les fiefs dominant et servant ont diminué d'importanco au point do vue politique. On était loin du temps où la concession do fief avait pour but la prostation du service militairo au profit du suzerain, et où l'obstacle apporté à cette prestation par la minorité de l'héritier du vassal entraînait les conséquences dont nous avons parlé. A l'époque dont nous nous occupons à présent, quand un fief tombe entre les mains d'un mineur, la prestation des services féodaux est suspendue jusqu'à la majorité ; lo seignour doit « bailler souffranco » au vassal. (V. le passago de Laurière, cité p. 88.) La garde noble n'a plus lieu toutes les fois qu'un roturier possède des fiefs, et à l'inverse elle a lieu quand un mineur noble possède des biens roturiers. (Grant Coustumier de Charles VI.)

L'attribution de la garde au profit d'un ascendant est plus fréquente qu'au treizième siècle. Le bail et la garde se réunissent dans la même main. Toutefois, au quinzième siècle, on conservait encore les deux expressions de *garde* et de *bail*, mais en leur donnant un sens tout nouveau. La *garde noble*, c'est désormais la garde et le bail réunis dans la personne d'un ascendant ; le *bail*, c'est la même fonction dévolue à un collatéral.

Au treizième siècle, la garde noble n'avait appartenu dans la ligne ascendante qu'au père ou à la mère, mais au quinzième, il devient de règle qu'elle soit d'abord déférée aux ascendants ; toutefois, le frère ou la sœur l'obtient de préférence à l'aïeul, parce que le frère est à égal degré, et que le frère a, en outre, un droit supérieur au bail, en sa qualité d'héritier, tandis que l'ascendant n'est pas héritier.

D'après le Grant Coustumier (liv. 2, chap. 41), celui qui a la garde gagne les meubles et les fruits.

La confusion des biens du mineur roturier dans la masse des biens de ses père et mère, au lieu de ne cesser qu'au convol du survivant, cesse, au quinzième siècle, dès la dissolution du mariage. Mais nous avons à ce sujet une remarque à faire. Au treizième siècle, l'époux survivant jouissait des biens de l'enfant comme de ses biens propres, tant qu'il restait veuf, puisqu'i. y avait confusion des biens de l'un et de l'autre en une seule masse au profit du père ou de la mère, et la garde

7

ne commençait qu'au convol de l'époux survivant. Au
quinzième siècle, au contraire, ce conjoint devenant
gardien dès la dissolution du mariage, on trouva juste
de ne pas lui enlever la jouissance que jusqu'alors il
avait retenue à un autre titre, comme chef de famille.

Les hommes libres, bourgeois de Paris, ne relevaient
que du roi : le vicomte était juge, mais non seigneur.
Ils jouissaient d'une liberté municipale, dans l'ordre personnel, qui ressemblait beaucoup à l'alleu, dans l'ordre
réel. La liberté des bourgeois n'était limitée que par la
souveraineté du roi.

Par suite de cette situation particulière, les bourgeois
de Paris exerçaient, en vertu de lettres-patentes de
Charles V, de 1371, le même droit de garde noble que
les gentilshommes dans le reste de la France. Ce privilége, toutefois, leur avait été contesté, mais, en 1390,
une ordonnance de Charles VI le reconnut et le confirma.
Au quinzième siècle, le Grant Coustumier trouve cet
état de choses bien établi.

Le privilége accordé aux bourgeois de Paris n'appartint pas aux ascendants du second degré : ceci s'explique
si l'on considère qu'il avait été confirmé à une époque
où le droit des ascendants du second degré n'était pas
encore reconnu.

Au quatorzième siècle, le gardien et baillistre avait la
propriété des meubles et l'usufruit des immeubles. Au
quinzième siècle, le Parisien noble jouit bien encore du
droit commun, mais le Parisien bourgeois, quoique
exerçant la garde noble, n'acquiert pas la propriété des
meubles. La raison de cette différence est que, au quatorzième siècle, il n'y avait pour tous les Parisiens, no-

bles ou bourgeois, qu'une seule garde noble avec les
mêmes règles pour tous, tandis qu'au quinzième il y a
une garde pour les nobles, et une pour les bourgeois.

Nous arrivons au Droit des Coutumes.

Et d'abord, une remarque générale qu'il convient de
faire, c'est que la diversité des règles que nous rencontrons dans les différentes Coutumes s'explique, dans
notre matière comme dans une foule d'autres, par la
persistance des divers régimes, selon les localités. Ainsi,
la garde seigneuriale, cette forme primitive, abandonnée
au dixième siècle, et qui semblait n'avoir plus d'objet,
se retrouve encore dans une de nos Coutumes, celle de
Normandie, et persista dans ce pays jusqu'à la Révolution. La Coutume de Châlons (art. 10) repoussait complétement la garde et le bail, et appelait des tuteurs et
curateurs aux fonctions qu'auraient remplies les gardiens.

D'après le droit commun des Coutumes, reproduisant
en cela le droit de l'époque antérieure, la garde lucrative était un privilége de la noblesse. Quelques Coutumes exigeaient que le gardien fût noble et vivant
noblement, c'est-à-dire sans rien faire : par exemple,
l'ancienne Coutume de Troyes, titre 2, alinéa 5° (*Coutumier général* de Richebourg, tome III, page 270).
Cependant une garde bourgeoise lucrative existait au
profit des ascendants dans les coutumes de Calais,
Étampes, Montfort-l'Amaury et Berry. Ce n'était pas,
comme la garde déférée aux bourgeois de Paris, une
garde applicable seulement aux habitants de la ville,
chef-lieu, mais une garde applicable à tous les roturiers,
sujets de la Coutume.

Notons, en passant, que plusieurs Coutumes ont été l'objet de deux rédactions : la seconde s'appelait la *Coutume réformée*. Les réformateurs modifiaient les coutumes dans le sens du droit commun. A la différence des rédacteurs qui ne faisaient que constater l'usage existant, les réformateurs avaient un certain pouvoir législatif. Les Coutumes d'Étampes et de Montfort-l'Amaury n'ont pas été réformées ; le droit que nous y rencontrons ne doit donc pas être attribué à l'introduction de règles nouvelles, mais à la conservation d'anciens usages. Cela est d'autant plus à remarquer que, dans le droit commun du treizième siècle, la règle était celle-ci : « point de bail en vilenage », c'est-à-dire point d'administration donnant à celui qui en est chargé la jouissance des biens roturiers, point de garde roturière lucrative. L'existence d'une garde roturière lucrative dans les deux Coutumes dont nous parlons était donc une exception qui méritait d'être signalée.

Quelques coutumes, notamment celle d'Orléans, art. 23, établissaient une sorte de garde ordinaire ou garde comptable sur les biens du mineur non noble. C'est une garde roturière, mais elle diffère de la garde roturière du treizième siècle en ce qu'elle ne se donne qu'aux ascendants. (Pothier, sur les art. 23 et 178 de la *Cout. d'Orléans;* et *Traité de la Garde noble et bourgeoise,* n° 38.)

Nous allons diviser nos développements sur la garde noble et bourgeoise de la manière suivante :

Dans une première section, nous rechercherons à qui appartient la garde ;

Dans une deuxième, nous examinerons quels sont les droits et émoluments attachés à la garde ;

Dans une troisième, quelles sont les charges et les obligations du gardien ;

Dans une quatrième, quelles sont les causes qui mettent fin à la garde.

SECTION PREMIÈRE

A qui appartient la garde noble et bourgeoise.

En général, elle appartient au *survivant des père et mère ;* toutefois, quelques coutumes ne la donnent jamais à la mère, sans doute par un souvenir des règles romaines sur la puissance paternelle. Mais il faut avouer qu'il y a une très-grande variété entre les coutumes sur les personnes auxquelles la garde est déférée.

La Coutume de Paris donne la garde noble aux père et mère, aïeul et aïeule nobles, demeurant en la ville de Paris ou dehors, et la garde bourgeoise aux père et mère seulement, bourgeois de Paris (art. 265 et 266.)

D'autres défèrent le droit de garde non-seulement aux père et mère, aïeul et aïeule, mais encore aux autres ascendants. (Melun, art. 285 ; Orléans, art. 26 ; Montfort-l'Amaury, art. 116 ; Sens, art. 156.)

Quelques-unes n'appellent que les père et mère, et excluent tous autres ascendants et tous collatéraux. (Meaux, chap. 19, art. 147 ; Lodunois, chap. 33, art. 1 ; Maine, art. 98 ; Anjou, art. 85.)

D'après la Coutume d'Amiens (art. 125 et 126), la

garde appartient au père ou à la mère, et à leur défaut,
au plus prochain lignager du mineur du côté et ligne d'où
lui est venu le fief noble. (*Sic* : Boulenois, art. 77 et 86;
Hainaut, chap. 37, art. 1ᵉʳ).

L'ancienne Coutume de Troyes déférait le bail des enfants mineurs, à défaut d'ascendants, aux collatéraux ;
mais lors de la réformation de cette coutume, les com-
missaires firent remarquer aux gens des trois ordres
tout ce qu'avait d'inique et de révoltant le bail déféré
aux collatéraux, qui leur donnait la propriété des meubles du mineur, et les fruits de ses héritages : «..... Et
» en défaut d'iceux (des ascendants), les frères, sœurs,
» oncles, nepveux, ou autres parens en ligne collatérale,
» avoient le bail des mineurs, à la charge de les nourrir
» et entretenir selon leur estat ; et des héritages tenus
» en fief, en faisoient les fruits leurs, et les pouvoient
» applicquer à leur profit ; lequel bail et garde estoit
» grandement préjudiciable à plusieurs enfans mineurs
» estans audit païs : pource qu'au moyen de ladite garde,
» lesdits mineurs perdoient leurs meubles ; ensemble
» les fruits et levées de leurs héritages, escheus durant
» leur minorité : qui estoit chose contraire à bonne rai-
» son et équité : car ceux auxquels estoit le bail ou
» garde n'en prenoient la charge, sinon quand ils veoient
» qu'elle leur estoit profitable.... » La nouvelle rédaction, de 1509, rejeta donc le bail des collatéraux. (V. procès-verbal de la Cout. du bailliage de Troyes, *Coutumier
de Richebourg*, tome III, page 259.)

Pareille chose arriva dans la Coutume de Sens ; le
bail des collatéraux que consacrait la première rédac-

tion (1506) a été également supprimé lors de la seconde,
en 1555. (Art. 156.)

La Coutume d'Orléans (art. 38), tout en maintenant
le bail des collatéraux, a supprimé tout émolument, et
en a fait ainsi une tutelle légitime. Aussi, dit Pothier, la
privation de cet émolument l'a fait tomber en désuétude, personne ne se souciant d'accepter un bail qui
n'est qu'onéreux.

La Coutume de Berry (art. 29) admet bien le bail des
collatéraux, mais elle ne leur donne que l'usufruit des
immeubles, elle leur refuse tout droit sur les meubles.

C'était une question de savoir si, une libéralité étant
faite aux enfants mineurs, du vivant de leurs père et
mère, soit par leurs parents ascendants ou collatéraux,
soit par une personne étrangère, le père pouvait prétendre à exercer la garde sur ces biens. Malgré les
termes de l'art. 265 de la Coutume de Paris, qui défère
la garde noble aux père *et* mère, aïeul *et* aïeule, Renusson est d'avis que le père ne doit avoir que la simple
administration des biens légués à l'enfant, et qu'il est
tenu de lui en rendre compte lors de sa majorité ; il en
donne pour raison que, tant que le père et la mère sont
tous deux vivants, il n'y a pas lieu à la garde, et que la
garde ne s'ouvre qu'au décès de l'un d'eux. (Renusson,
Traité de la garde noble et bourgeoise, chap. 2, n° 12.)

La minorité du père ou de la mère qui survit ne fait
pas obstacle à ce qu'il prenne la garde de ses enfants,
et par conséquent ne donne pas ouverture à la garde de
l'aïeul. Le droit de garde, en effet, a été concédé principalement à cause de la paternité, dont il est un attribut ; ajoutons que le mariage émancipe les mineurs

(Cout. de Paris, art. 239). La Coutume de Péronne, art. 220, en contient même une disposition expresse. Toutefois il y a quelques Coutumes qui portent une disposition contraire (Maine, art. 3 ; Anjou, art. 98). Celle de Berry, tit. 1er, art. 25, veut que, si la mère est mineure de vingt-cinq ans, ses enfants « soient pourvus » d'un curateur aux causes qu'ils auront en jugement, » en quelque matière que ce soit, lequel curateur ensem- » blement avec la mère, fera la poursuite des droits des » mineurs, tant en matière personnelle que réelle, sans » qu'il soit besoin de pourvoir d'autre curateur à la » mère. » La même Coutume, tit. 1er, art. 35, exige que le collatéral qui veut prendre le bail soit majeur de vingt-cinq ans.

L'interdiction pour démence ou prodigalité est une cause d'exclusion de la garde noble. « Où le gardien se- » rait dissipateur de biens, il doit être privé de garde.» (Cout. du Grand-Perche, art. 175).

Il en est de même de la mort civile.

Suivant deux arrêts du 24 janvier 1587 et du 5 septembre 1633, le survivant des père et mère qui a accepté la tutelle de ses enfants mineurs, sans se réserver le droit de garde, ne peut plus revenir ni être admis à la garde; par cette acceptation de la tutelle, il contracte envers ses enfants l'obligation de leur rendre compte des fruits et revenus de leurs héritages, et il ne peut plus, après coup, se dégager de cette obligation. (Sic : Cout. d'Artois, art. 156 ; Ferrière, sur l'art. 271 de la Cout. de Paris.)

Pothier conteste le bien jugé de ces arrêts, au moins dans la coutume de Paris, laquelle déclare en termes formels que la garde noble est compatible avec la tutelle (art. 271). Il explique cette jurisprudence par la défaveur avec laquelle on voyait la garde noble, à raison du préjudice qu'elle causait aux enfants. (Pothier, *Traité de la Garde noble et bourgeoise*, n° 52, éd. Bugnet, tome VI, page 511.)

Le second mariage du gardien mettait fin à la garde. (Cout. de Paris, art 268). Il a été jugé dans ce cas, par arrêt du 4 juin 1604, que les enfants étaient définitivement sortis de garde, et que leur aïeul ou aïeule ne pouvait exercer la garde noble, qui avait cessé par le convol du survivant des père et mère. « Il faut observer que les mineurs ne tombent jamais deux fois en garde, et que si le père ou la mère gardiens viennent à décéder ou à convoler en secondes noces, la garde est totalement finie, et les mineurs, du jour de cette mort, ou du second mariage de leur père ou mère, gagnent les fruits de leurs héritages (arrêt du dernier février 1630). Et même si le père ou la mère survivant avoient demandé la garde sans la prendre, l'ayeul ou l'ayeule des mineurs ne pourroit la prétendre. » (De Laistre, sur l'art. 151 de la cout. de Sens) (1).

La coutume d'Orléans (art. 25) porte une disposition contraire.

Il n'y a pas non plus lieu à déférer la garde à l'aïeul ou à l'aïeule lorsque le père survivant, qui l'avait acceptée, est décédé, au cours de la garde, toujours pour

_____

(1) Coutume du bailliage de Sens, commentée par Me Juste De Laistre, avocat au Parlement. In-4°. Paris, 1731.

ce motif que la garde noble ne se défère qu'une fois, qu'elle ne se gémine pas, comme dit Renusson, ou ne se réitère pas, selon l'expression de Pothier.

Les aïeul et aïeule peuvent prétendre à la garde noble, soit que le survivant des père et mère la refuse purement et simplement, soit qu'il y renonce, en déclarant en faire remise à ses enfants. Pour arriver à ce dernier résultat, il faut que le survivant des père et mère accepte la garde, et qu'après l'avoir acceptée, il y renonce en faveur de ses enfants : la garde ne pouvant être déférée deux fois, les aïeul et aïeule ne peuvent, dans ce cas, y prétendre.

La garde noble est déférée à l'aïeul ou l'aïeule, lorsque le survivant des père et mère est incapable de toute administration, ou encore lorsqu'il est venu à décéder sans l'avoir acceptée.

Lorsqu'il y a l'aïeul et l'aïeule dans la même ligne, l'aïeul est préféré. La coutume de Paris, art. 265, le nomme en effet le premier.

Si maintenant nous supposons qu'il y ait des ascendants au deuxième degré dans les deux lignes, à qui appartient la garde noble ? La coutume de Paris est muette à ce sujet. La coutume de Péronne (art. 221) préfère la ligne paternelle, et ce, pour tous biens tant paternels que maternels. Celle d'Orléans (art. 23) appelle l'aïeul ou l'aïeule du côté du défunt. Celle de La Marche (art. 70) décide que « si le mineur n'a père ou « mère au-dessus de vingt-cinq ans, il lui doit être pourvu « de tuteur ou curateur par le juge, » et (art. 71) que le frère paternel, majeur de vingt-cinq ans, doit être préféré à la mère mineure. La coutume de Blois (chap. 2,

art. 4) dispose que les « mâles sont préférez aux fem-
» melles, et les paternels aux maternels. » La coutume
de Reims (art. 330) distingue selon que les biens sont
nobles ou roturiers ; si les biens sont nobles, on applique
la règle : *paterna paternis, materna maternis* ; s'ils sont
roturiers, la ligne paternelle est appelée de préférence,
et « en concurrence d'ayeul et d'ayeule de divers côtez,
» les ayeuls sont toujours préférez aux ayeules. »

Renusson, se demandant ce qu'il fallait décider dans
la Coutume de Paris, qui ne s'explique pas à cet égard,
est d'avis « que les biens doivent être conservez au côté
» dont ils procèdent ; autrement les parens d'une ligne
» pourroient profiter des biens de l'autre ligne, ce qui
» semble résister aux principes du droit coustumier. »
(*Traité de la Garde noble*, chap. 2, n° 40, *in fine*.)

Pothier (*Traité de la Garde noble*, n°⁵ 17 à 19) ex-
pose, outre l'opinion de Renusson, deux autres opinions, mais sans se ranger à l'une ou à l'autre ; il se
borne à conclure que la question souffre difficulté.

Pour pouvoir accepter la garde noble, il faut être
noble ; dès lors, lorsque le père est noble et que l'aïeul
ne l'est pas, ce dernier ne peut prendre la garde de son
petit-fils.

La Coutume de Paris (art. 265), ainsi que nous l'a-
vons dit plus haut, ne déférait la garde noble qu'aux
père et mère, et aux aïeul et aïeule, mais non aux autres ascendants. D'où la question de savoir si, dans
cette Coutume, on devait étendre le bénéfice de la garde
aux autres ascendants, par exemple aux bisaïeul et
bisaïeule. Renusson et Pothier sont d'accord pour refuser cette extension, en s'appuyant sur ce motif que les

Coutumes sont de droit étroit, et qu'il faut renfermer dans les limites fixées par la Coutume ce droit qui est si onéreux pour les enfants.

Les bourgeois de la ville de Paris, qui avaient, au siècle précédent, une garde lucrative sur leurs enfants, se sont vu confirmer ce droit par la Coutume officielle, d'abord dans la première rédaction, de 1510, puis dans la seconde, de 1580. L'art. 266 de cette dernière rédaction est ainsi conçu : « Il est pareillement permis aux » père et mère bourgeois de Paris prendre et accepter » la garde bourgeoise et administration de leurs enfans » après le décès de l'un d'eux. »

Il n'y a qu'un très-petit nombre de Coutumes qui donnent cette double garde, et encore y a-t-il entre leurs dispositions une certaine variété. Ainsi la Coutume de Montfort-l'Amaury admet la garde noble et la garde bourgeoise, avec les mêmes règles pour l'une que pour l'autre; toute la différence consiste dans la durée de la garde : la garde noble dure « aux mâles jusques à » vingt ans, et aux filles jusques à quinze ans ; » et la garde bourgeoise finit à quatorze ans pour les mâles et à douze ans pour les filles. (Chap. 10, art. 117.) D'autres Coutumes (Clermont, art. 176) n'admettent la garde entre non nobles qu'autant qu'ils ont des fiefs nobles, et seulement au regard de ces fiefs. Celle de Blois (art 6) établit les deux gardes, mais sans donner d'émolument à la garde bourgeoise.

Dans la coutume de Paris, la garde bourgeoise n'est déférée qu'au survivant des père et mère; dès lors les aïeul et aïeule n'y peuvent prétendre. (Arrêt du 10 octobre 1593.) Cette garde n'est donnée qu'aux bourgeois

« demeurant en la ville et faubourgs de Paris » ; les autres en sont exclus : ce qui constitue une différence
avec la garde noble, laquelle est déférée à tout noble,
sujet de la coutume.

La mère d'extraction noble, veuve d'un roturier, est
habile à exercer la garde noble de ses enfants mineurs,
quoique les enfants soient roturiers (Ferrière, *Sur l'article* 205 *de la Cout. de Paris*). Dans certaines coutumes
qui donnaient la noblesse aux enfants dont l'un ou l'autre des auteurs est noble, cela n'aurait pas fait question, par exemple dans la Coutume de Sens, art. 161,
où il est dit : « Les enfans nez de père ou de mère no-
» bles sont réputez nobles, posé que l'un d'iceux père
» ou mère soit roturier. »

On se demandait si le premier mourant des père et
mère pouvait, par testament, empêcher l'ouverture de
la garde au profit de l'autre ascendant. Nos anciens
auteurs étaient d'avis que cet empêchement ne pouvait
avoir lieu, que cette défense était contraire aux lois :
*Nemo potest testamento suo cavere ne leges locum ha-
beant.*

Renusson (*Traité de la Garde noble*, ch. 2, n° 53) était
plus absolu encore que Pothier sur ce point. Pothier, en
effet, autorisait cette défense lorsqu'elle était stipulée
dans le contrat de mariage, par ce motif, disait-il
(*Traité de la Garde noble*, n° 45), « que notre jurisprudence a rendu les contrats de mariage susceptibles de
toutes conventions. » Renusson ne fait pas de distinction : « La garde noble ou bourgeoise, dit-il, ne peut
» être prohibée par testament ni autrement. »

(Nous verrons, dans une autre partie de ce travail,

qu'aujourd'hui, sous l'empire du Code Napoléon, il faut décider le contraire de ce que voulait Pothier : l'usufruit légal peut être retiré au père ou à la mère par acte testamentaire ; il ne peut l'être par le contrat de mariage.

Examinons maintenant comment le gardien entre en possession et en exercice de son droit.

Sur ce point encore, les coutumes varient.

Les unes exigent du gardien une acceptation préalable, les autres défèrent la garde de plein droit, par la seule force de la loi.

Comment doit se faire l'acceptation de la garde ? L'art. 269 de la Coutume de Paris dispose : « La garde noble et bourgeoise se doit accepter en jugement. » En jugement, c'est-à-dire devant le juge, à l'audience ordinaire ; il n'aurait pas suffi d'aller au greffe et d'y faire la déclaration qu'on acceptait la garde : une pareille acceptation n'eût eu aucun effet. Les auteurs donnent pour raison de cette décision que l'acceptation doit être connue des parents des mineurs et des créanciers qu'ils peuvent avoir.

« Tout gardien, dit Argou, a la faculté d'accepter la
» garde ou d'y renoncer, mais celui qui la veut avoir
» doit la demander en jugement; la forme ordinaire est
» de se faire assister d'un procureur, et d'aller devant
» le juge, à l'audience, demander acte de ce qu'on ac-
» cepte la garde. » (*Institution au Droit françois*, ch. VI : *De la Garde*, 4e alinéa.)

Il a été jugé, le 14 mai 1624, que l'acceptation devait avoir lieu devant le juge royal et non devant le juge de la seigneurie. Toutefois, certaines coutumes laissent le

choix entre l'un et l'autre juge. (Reims, art. 334;
Grand Perche, art. 171.)

Des Coutumes fixent un délai pour faire l'acceptation. La Coutume de Reims (art. 334) indique le délai
de trois mois comme maximum, car le prétendant à la
garde noble peut être sommé de se décider, avant
l'expiration des trois mois, par le procureur du roi
ou de la justice seigneuriale, ou par les parents du
défunt. La Coutume de Berry donne un délai de trente
jours (art. 38).

La coutume d'Orléans ne fixe aucun délai pour l'acceptation, mais elle veut que la renonciation soit faite
dans les quinze jours au greffe (art. 23).

La Coutume de Blois, chap. 2, art. 4, défère la garde
de plein droit, *ipso facto*, sans autre confirmation.

La Coutume de Sens est muette à cet égard ; cependant il a été jugé, en cette Coutume, que la garde
noble se doit accepter en jugement, quoique la Coutume ne l'ordonne pas (arrêt de 1595); et M⁰ Penon (sur
l'art. 141 de l'ancienne Coutume) témoigne que cette
acceptation judiciaire était en usage antérieurement à
la dernière rédaction. (M⁰ De Laistre, sur l'art. 156 de
la Cout. de Sens.)

Dans la Coutume de Paris, qui n'a pas fixé de délai
pour l'acceptation de la garde, il n'est pas douteux que
le gardien est toujours à temps pour faire son acceptation. Mais on se demandait si le gardien qui n'a accepté
qu'au bout d'un temps plus ou moins long, devait
profiter des fruits et revenus perçus dans l'intervalle
qui séparait l'ouverture de la garde noble de son
acceptation. Renusson (*loc. cit.*, nᵒˢ 7 à 9) est d'avis

que, pourvu que l'acceptation ait lieu pendant la durée
de la garde, cette acceptation doit avoir effet rétroactif
au jour de l'ouverture : il s'appuie sur le texte même
de la Coutume. Pothier, au contraire (*loc. cit.*, n° 51),
repousse cette opinion, par ce motif que la Coutume,
ne déférant point de plein droit la garde noble et
requérant qu'elle soit acceptée en jugement, le survivant ne devient gardien que par cette acceptation.

L'acceptation de la garde noble par une veuve qui
n'a droit qu'à la garde bourgeoise n'emporte point
acceptation de la garde bourgeoise. Dès lors, à la fin
de la garde, la veuve doit tenir compte aux enfants de
tous les fruits perçus pendant sa durée, comme le
ferait un simple tuteur. Pour avoir l'émolument de la
garde, elle eût dû, après avoir reconnu son erreur,
accepter expressément la garde bourgeoise.

Nos anciens auteurs se demandaient s'il était permis
d'accepter la garde de l'un ou de quelques-uns des enfants, et de renoncer à celle des autres. C'était une
question plutôt théorique que pratique, car Renusson
avoue qu'elle ne s'est jamais présentée en jugement. On
décidait que, bien qu'il y eût dans ce fait quelque chose
de choquant et de contraire à la bienséance, cependant,
en droit, cette option était licite, parce qu'il y avait autant de gardes qu'il y avait d'enfants mineurs, que ce
n'était pas là un droit indivisible, et cela avec d'autant
plus de raison que les enfants étant d'âge différent, les
unes sortaient nécessairement de garde avant les autres.
L'intérêt de la question consiste en ce que l'aîné, par
exemple, pouvait avoir un préciput qui rendît sa garde
plus avantageuse que celle de ses frères.

Pouvait-on, après avoir accepté la garde noble ou bourgeoise, y renoncer, afin de se décharger des dettes? Pour l'affirmative, on invoquait cette considération, que la garde était un titre purement lucratif; que, de même qu'un légataire universel n'était pas tenu *ultra vires*, de même un gardien devait pouvoir délaisser le profit de la garde pour n'être plus tenu des charges; qu'il en avait été décidé ainsi par l'art. 22 du Règlement du Parlement de Normandie, en date du 6 avril 1666 (V. *Coutumier de Richebourg*, tome IV, page 155), et qu'enfin, aux termes de la Coutume de Berry (tit. 1er, art. 23), le gardien n'était tenu des charges de la garde que jusqu'à concurrence des fruits.

Malgré ces raisons, on admettait généralement, dans la Coutume de Paris et les autres Coutumes qui n'avaient pas de disposition contraire, qu'après l'acceptation de la garde, le gardien ne pouvait plus y renoncer; son acceptation faite en jugement, d'une manière solennelle, dans les Coutumes qui exigeaient cette forme, ou même son acceptation tacite dans les autres, constituait un quasi-contrat qui le liait d'une manière définitive. Plusieurs arrêts l'ont ainsi décidé, notamment ceux du 9 juin 1561, rapporté par Tournet et par Charondas sur l'art. 266 de la Cout. de Paris; du 19 avril 1622, cité par Auzanet sur l'art. 265; et enfin du 5 août 1221, rapporté par Dufresne, *Journal des Audiences*, liv. 1er, ch. 137. (Renusson, *loc. cit.*, chap. 3, nos 14 à 16.)

Mais si l'on avait obtenu pour les enfants des lettres de bénéfice d'inventaire, le gardien pourrait invoquer à son profit le bénéfice d'inventaire, à l'effet d'être déchargé des dettes en rendant compte des fruits.

8

En acceptant la garde, on en acceptait les charges, et pour garantir la libération de ces charges, les mineurs avaient contre leur gardien une hypothèque qui datait du jour de l'acceptation. Dumoulin, sur l'art. 4 de la Cout. de Blois, dit : *Hoc est custodia quasi tutela ; unde horum bona tacite hypothecantur, quia sunt protutores.*

Nous examinerons plus tard quels sont les pouvoirs du gardien ; nous verrons que, pour certaines choses, par exemple intenter en justice une demande relative à la propriété des héritages ou y défendre, il faut pourvoir le mineur d'un tuteur. Mais, aux termes de la Cout. de Paris, art. 271, « celui qui a la garde noble ou bour- » geoise peut être tuteur ou curateur, et sont les deux » qualités compatibles en une même personne. » La Coutume de Calais, art. 141 et 142, porte une semblable disposition. Dumoulin, sur l'art. 270 de la Coutume de Paris, qui était l'art. 103 de l'ancienne, dit que ceux qui ont la garde ne peuvent se présenter en jugement pour la défense du bien des mineurs ; que c'est au tuteur ou curateur à le faire : *Custodem non posse actiones reales active nec passive exercere.* Aussi la saisie réelle pratiquée sur un bien du mineur, contre le gardien, aurait été nulle, ainsi que le décret qui serait intervenu.

D'autres coutumes attribuent formellement la fonction de tuteur au gardien, par exemple : Melun, art. 289 ; Grand-Perche, art. 169 ; Anjou, art. 95 ; Montfort, art. 120.

Enfin d'autres coutumes sont muettes. M⁰ De Laistre, sur l'art. 159 de la Cout. de Sens, laquelle se trouve dans cette catégorie, s'exprime ainsi : « Le gardien » noble ne peut faire les fonctions de tuteur, à moins

» qu'il n'en ait aussi la qualité, et s'il survient des pro-
» cès aux mineurs pour le fond de leurs héritages, le
» gardien qui n'auroit pas aussi la qualité de tuteur ne
» pourrroit y défendre, il en faudroit créer un *ad hoc*,
» et les parens assemblés à cet effet ne pourroient, sans
» de grandes raisons, en élire un autre que le gardien,
» *nullus enim est affectus qui vincat paternum.* Ainsi, le
» gardien noble peut être élu tuteur, ces deux qualités
» n'étant point incompatibles. Mais le père qui auroit
» accepté la tutelle de ses enfans ne pourroit par la
» suite prétendre leur garde, parce que l'acceptation de
» l'une emporte une renonciation tacite à l'autre. »

SECTION II

Droits et émoluments attachés à la garde noble ou bourgeoise.

Les Coutumes présentent sur ce point une grande
variété. Les unes s'en tiennent encore au droit féodal,
tel que nous l'avons étudié plus haut; elles accordent
au gardien la jouissance des fiefs seulement. D'autres
lui donnent l'usufruit de tous les biens du mineur sans
distinction.

Quant aux meubles, le gardien en a la propriété dans
quelques Coutumes ; dans d'autres, il n'en a que l'administration et la jouissance. Ainsi, les anciennes Coutumes du Beauvoisis, décrites par Beaumanoir, revivent
dans la Coutume de Clermont en Beauvoisis, qui donne
au gardien noble la jouissance des fiefs et la propriété

des meubles (art. 170). Celle d'Orléans, art 25, lui accorde la jouissance de tous les héritages et la propriété des meubles. Celle de Sens, art. 156, « la propriété de » tous les meubles appartenant aux mineurs, et les fruits • de leurs héritages, torres et seigneuries. » Celle de Paris, art. 267, la jouissance de tous les immeubles et l'administration seulement des meubles : cette dernière formait le droit commun.

La Coutume de Montargis, chap. Ier, art. 27, dit que les gardiens prennent les meubles, sauf ceux qui sont pour la fortification des maisons (mot qui rappelle les guerres privées de l'époque féodale) et ceux qui y sont pour perpétuelle demeure.

Il y a des Coutumes qui ne donnent aucun droit au gardien sur les meubles, pas même la simple administration : d'après la Cout. d'Amiens, art. 132 et 133, les meubles ne tombent point en bail, ils doivent être régis et gouvernés par les tuteurs et curateurs nommés par la justice.

Voyons maintenant sur quels biens s'étend le droit du gardien. On se demandait si les biens compris dans la jouissance du gardien étaient seulement ceux que le mineur avait recueillis dans la succession du prémourant de ses père et mère, ou bien tous ceux qui lui étaient advenus à quelque époque que ce fût, même pendant la durée de la garde. Les Coutumes ne sont pas sur ce point très-explicites, et celles qui traitent la question diffèrent entre elles.

Ainsi, la Coutume de Péronne, art. 223, étend formellement aux biens advenus pendant le cours de la garde le droit du gardien. La Coutume de Tours, au

contraire, art. 341, et celle de Lodunois, chap. 33,
art. 2, déclarent que le baillistre n'a que l'administration des biens recueillis par le mineur pendant la durée
de la garde. La Coutume d'Anjou, art. 92, dit que le
don fait au mineur, au cours du bail, appartient au mineur et non au baillistre, réserve faite toutefois des
fruits de l'héritage.

Que faut-il décider dans la Coutume de Paris et les
autres Coutumes muettes? Deux opinions étaient en
présence. L'une, représentée par Dumoulin, Bacquet,
Chopin, Laurière, étendait à tous les immeubles, échus
même pendant la durée de la garde, le droit de jouissance du gardien. La Coutume de Paris, disait-on dans
ce système, comprend tous les biens qui appartiennent
aux enfants mineurs, et qui leur adviennent pendant
le cours de la garde, sans aucune exception, puisqu'elle
s'est servie du mot « tous immeubles » : qui dit tous,
n'excepte rien. Pour appuyer cette proposition, on invoquait l'autorité de Dumoulin, qui agite cette question
sur l'ancienne Coutume de Paris, art. 32, où il dit que
le gardien a droit de garde sur tous les biens des mineurs situés dans l'étendue de la prévôté et vicomté de
Paris, c'est-à-dire non seulement sur ceux qui appartiennent aux mineurs au moment de l'ouverture de la
garde par le décès du père ou de la mère, mais aussi
sur tous autres biens advenus depuis aux mineurs par
don ou succession directe ou collatérale. *Respondeo*, dit
Dumoulin, ... *ad omnia, infrà tamen territorium ex-
tendi, quocumque titulo, sive successionis sive legati aut
donationis ad pupillum pertineant. Imo nedum ad ea
quæ pertinent pupillo tempore custodiæ delatæ vel agnitæ*

et acceptatæ in judicio, sed etiam ad omnia quæ post acceptatam custodiam obveniunt quocunque titulo vel modo, quia consuetudo non distinguit ; ... et sicut custos generalem habet administrationem omnium bonorum quæ spectant et incipiunt spectare minorem tempore minoris ætatis, ita eorum fructus suos facit. — Bacquet (*Traité du Droit de franc-fief,* ch. 10, n° 16) dit que, si pendant le temps de la garde noble ou bourgeoise adviennent des successions directes ou collatérales, les gardiens ont l'administration des meubles, et font leurs les fruits de tous les immeubles desdites successions, tant héritages que rentes. — Chopin (*Sur la Cout. de Paris,* liv. 2, n° 6), traitant la question de savoir si le gardien est tenu d'appréhender une hérédité échue à son mineur, dit que cela dépend de sa volonté, qu'il serait injuste de l'y contraindre, car en l'acceptant il s'engagerait à payer les dettes mobilières et arrérages de rentes de la succession : solution qui présuppose que, dans l'opinion de cet auteur, la succession échue au mineur postérieurement à l'acceptation de la garde tombait en la garde.

Mais, dans une seconde opinion, on disait que le gardien devait voir son droit limité aux biens recueillis par le mineur dans la succession du prémourant de ses père et mère, dont le décès avait ouvert la garde noble. Ainsi, Chopin, que nous venons de voir parmi les partisans du premier système, semble l'abandonner (*Sur la Cout. d'Anjou*): plusieurs croient, dit-il sans contester l'opinion qu'il cite, que le gardien n'a pas droit de jouir des immeubles d'une succession collatérale, échue à ses mineurs depuis la garde acceptée, que la garde ne comprend que les successions échues en ligne directe au temps de son ouverture ; et il cite en ce sens un arrêt de 1576. — Charondas, sur l'art. 267 de la Cout. de Paris, rapporte deux arrêts, celui de 1576, et un autre du 20 mai 1564, qui ont jugé que le gardien n'avait son droit de garde que sur la succession du prémourant des père et mère, dont le décès avait donné ouverture à la garde noble. — Tronçon et Auzanet affirment également que telle était la vraie doctrine, et que l'usage avait prévalu en ce sens ; autrement, ajoute Auzanet, les enfants mineurs seraient de pire condition après la mort de leur père ou de leur mère qu'ils n'auraient été de leur vivant ; ils seraient privés des fruits et revenus des choses données, qui leur appartenaient du vivant de leur père ou mère prédécédé.

Renusson (*Traité de la Garde noble et bourgeoise*, chap. 6, n° 9) est de la même opinion : « Cela se pra-» tique de la sorte à présent, dit-il, dans la Coutume » de Paris, et ne doit plus être révoqué en doute ; l'o-» pinion de M° Charles Dumoulin n'a point été en cela » suivie. » Il ajoute, pour justifier l'usage et la juris-prudence, que les art. 265 et 266 de la Cout. de Paris, tels qu'ils sont rédigés, impliquent l'idée qu'il s'agit uni-quement de la succession du père ou de la mère lors-qu'ils disent : « Il est loisible..... accepter la garde, » *après le décès de l'un d'eux*, » c'est-à-dire après le décès du père ou de la mère qui a donné ouverture à la garde. La Coutume ne dit pas que ce droit de garde augmente par le décès d'autres personnes, ni que d'au-tres biens que ceux du prédécédé des père et mère en-trent en le garde. Quand un droit d'usufruit a été con-

stitué, on regarde, dit Renusson, sur quels biens il l'a
été; il ne s'étend pas sur d'autres biens quand cela n'est
pas dit expressément. D'ailleurs, la garde étant lucrative pour le gardien et onéreuse pour les enfants, elle
est de droit étroit et ne doit pas être étendue au delà de
ce qui est exprimé par la Coutume.

M⁰ De Laistre, sur l'art. 156 de la Cout. de Sens, fait
également observer que s'il survient pendant la garde
noble quelques successions aux mineurs, les meubles et
les fruits des immeubles de ces successions n'entrent
point dans la garde, parce qu'elle ne comprend que les
biens échus par le prédécès du père ou de la mère qui y
a donné ouverture.

Pothier se range à l'opinion de la jurisprudence.

M. Demangeat, *opere citato*, préfère l'opinion de Dumoulin, qui étend le droit du gardien aux fruits de tous
les immeubles, pour les raisons suivantes : d'abord,
parce que c'était le système suivi dans le très-ancien
droit; puis, parce que les art. 99 et suiv. de la première
rédaction de la Coutume de Paris ne distinguent pas; que
l'art. 267 de la seconde ne fait pas non plus de distinction, puisqu'il porte : « de *tous* les immeubles (1). » Il
s'appuie aussi sur l'art. 270, d'après lequel il faut élire
tuteurs et curateurs pour intenter les actions réelles et
personnelles, ou y défendre, autres que pour les fruits

_____

(1) Est-ce bien là le sens de l'art. 267 de la Coutume? Autrefois, la
jouissance ne portait que sur les biens nobles, et non sur les biens roturiers.
La Cout. de Paris ne voudrait-elle pas dire tout simplement que, dorénavant, le gardien aura la jouissance de *tous* les immeubles, *tant nobles que
roturiers*, qui se trouveront dans la succession du prémourant des père
et mère ?

et revenus échus pendant ladite garde, ce qui supposerait que toujours les fruits appartiennent au gardien. Il tire enfin un argument de l'art. 46 de la même Coutume, ainsi conçu : « Le gardien noble et bourgeois n'est tenu » payer droit de relief pour les héritages féodaux appar- » tenant aux mineurs desquels il est gardien, mais il est » tenu les en acquitter, s'il en est dû du chef desdits » mineurs. » Cet article suppose une succession collatérale échue au mineur, puisqu'il n'est pas dû de relief pour mutation en ligne directe (excepté dans le Vexin français) : donc le gardien jouirait même des immeubles autres que ceux recueillis par le mineur dans la succession du prémourant de ses père et mère. L'usage contraire, c'est-à-dire celui de la jurisprudence, ne s'expliquerait, d'après M. Demangeat, que par l'influence de la tradition romaine, *Novelle* 118, *cap.* 2, et par le peu de faveur que l'on accordait au droit de garde, considéré comme odieux.

Quoi qu'il en soit, l'usage et la jurisprudence étaient bien établis, et l'on pourrait les justifier en se rappelant que dans l'ancien droit féodal la garde n'avait pour objet que d'éviter la confiscation du fief faute d'homme, et de conserver ainsi le bien ; plus tard, ce motif cessa d'exister quand tombèrent en déclin les institutions féodales : dès lors la garde ne fut plus, pour le conjoint survivant, qu'un attribut de la puissance paternelle, destiné à l'indemniser des soins qu'il donnait à l'enfant. On comprend ainsi que le droit du gardien ait pu être restreint aux biens de la succession du conjoint prédécédé. (V. Pothier, *Traité de la Garde noble*, nᵒˢ 8 et 9 ; *Conf.* M. Chambellan, *à son cours.*)

La solution de la question précédente nous conduit à une autre : lorsque la mère décède et que le père vient à mourir ensuite, sans avoir accepté la garde, l'aïeul auquel elle est déférée peut-il faire siens les fruits des immeubles de la succession du père aussi bien que les fruits des immeubles de la mère? Si nous considérons que ce qui donne ouverture à la garde, c'est le décès du premier mourant, nous dirons que le droit de jouissance de l'aïeul est limité aux immeubles de la succession de la mère.

Nous avons dit plus haut que la Coutume de Paris ne donne au gardien, sur les meubles du mineur, que le droit d'administration. Or, les meubles comprennent, à ce point de vue, tout ce qui est de nature mobilière dans la succession du prédécédé des père et mère, dont le décès a donné ouverture à la garde : argent comptant, meubles meublants, promesses, obligations, choses qui se consomment par l'usage.

Dans la plupart des Coutumes, les qualités de gardien et de tuteur sont ou peuvent être cumulées. Laissons en dehors le cas où le gardien est en même temps tuteur, pour ne nous occuper que de ses pouvoirs comme gardien. Il administre les biens dont la Coutume lui donne la jouissance.

Le droit d'administration que la Coutume de Paris lui donne sur les meubles s'exerce, suivant Renusson, de la manière suivante. Il doit faire vendre les meubles meublants qui se détériorent par l'usage, et autres meubles sujets à estimation, ou les faire estimer et apprécier pour en rendre la valeur aux enfants après la cessation de la garde. La vente doit être faite publiquement par autorité do justice. Si le gardien n'a pas fait vendre les meubles et qu'il les ait fait simplement apprécier et estimer par l'inventaire, il doit rendre aux enfants l'estimation avec la crue ; à Paris et dans les autres grandes villes, la crue était ordinairement de cinq sols par livre, ce qu'on appelait le *parisis* des meubles.

De ce que le gardien doit rendre les meubles avec la valeur qu'ils avaient lors de l'ouverture de la garde, il en résulte qu'il n'aurait pas le droit de s'en servir pour son usage, et de les rendre dans leur état actuel au moment de la cessation de la garde ; la dépréciation causée par l'usage ne peut pas, en effet, être imposée aux mineurs. Le gardien qui controvient à cette règle doit les indemniser de ce préjudice, car il n'a tenu qu'à lui de vendre les meubles dès l'ouverture de la garde pour en employer le prix.

Les fruits des immeubles qui tombent en la garde et appartiennent au gardien comprennent aussi bien les fruits civils que les fruits naturels. Dans cette dernière classe rentrent non-seulement les fruits purement naturels, c'est-à-dire que la terre produit sans culture, mais encore les fruits industriels qui sont dus à la culture. Le gardien y a droit, dès l'ouverture de la garde, par cela seul qu'ils sont encore pendants à la terre ; mais il ne peut, lors de la cessation de la garde, enlever les fruits qui ne sont pas encore en maturité.

Faut-il considérer le trésor comme un fruit naturel et l'attribuer, dans la proportion fixée par la Coutume, au gardien, usufruitier de l'immeuble du mineur dans lequel il est trouvé ? Dans le droit romain, la loi 7, § 12, *soluto matrimonio*, Dig., liv. 24, tit. 3, statuant sur une espèce qui présente avec la nôtre quelque analogie, décide que le mari ne doit pas profiter du trésor trouvé dans le fonds dotal de sa femme, par la raison que le trésor n'est pas un fruit, et que, si c'est lui-même qui l'a trouvé, il n'a droit qu'à la moitié comme inventeur, l'autre moitié devant être restituée à la femme : «.... *non magis quam si thesaurus fuerit inventus, in fructum enim non computabitur, sed pars ejus dimidia restituetur, quasi in alieno inventi.* »

Plusieurs de nos Coutumes statuaient sur le point de savoir à qui devait profiter le trésor. Ainsi, par exemple, la coutume de Sens, art. 8, s'exprime en ces termes : « Trésor mussé d'ancienneté dont on ne peut avoir con-
» noissance à qui il puisse appartenir, sera distribué à
» sçavoir à celui qui le trouvera dans l'héritage sien, la
» moitié, et au seigneur haut-justicier l'autre moitié,
» et celui qui le trouvera dans l'héritage d'autrui en
» aura un tiers, le propriétaire un tiers, et le seigneur
» l'autre tiers. » Quelques autres Coutumes ont des dispositions analogues : Bar, art. 44 ; Cambrai, art. 3, *des choses qui peuvent être acq. au seigneur;* Bourbonnais, art. 335 ; Bretagne, art. 46 ; Normandie, art. 211 et 212 ; Anjou, art. 61. Mais aucune de ces coutumes ne prévoit le cas où il y a en même temps un nu-propriétaire et un usufruitier.

La question restait donc entière. Dumoulin (*Des Matières féodales*, tit. 1er, § 1, glos. 1, v° *Seigneur féodal*, n° 60) refuse au gardien tout droit sur le trésor, l'assimilant à toute autre obvention arrivée au mineur par succession, donation ou autrement. Pothier donne une

décision semblable (*Traité de la Garde noble et bourgeoise*, n° 68).

Que décider des mines et carrières qui appartiennent
au mineur? La loi 7, § 13, Dig., *soluto matrimonio*,
prévoit le cas où des carrières de marbre se trouvent sur le
fonds dotal de la femme, et pour donner ou refuser au
mari le droit de les exploiter, distingue si le marbre
est de nature à se revivifier, comme en Gaule et en Asie,
ou s'il ne se reforme pas. Dans le premier cas, c'est un
fruit que le mari peut percevoir ; dans le second, le
mari n'y a aucun droit. (*Sic* : loi 18, pr. Dig. *De fundo
dotali*, liv. 23, tit. 5.) Je pense que lors de la rédaction
de nos coutumes, les sciences naturelles avaient fait
plus de progrès, et qu'il n'y avait plus lieu de faire une
pareille distinction. Aussi Pontanus (*Sur la Cout. de
Blois*, ch. 2, art. 5) range au nombre des fruits les produits des carrières de pierre et de marbre, et des mines
d'or, d'argent et de fer (mais probablement pour une
autre raison que celle indiquée par la loi romaine).
D'autres auteurs distinguaient selon que la carrière était
déjà ouverte ou non au moment de l'ouverture de la
garde ; dans le premier cas seulement, le gardien pouvait l'exploiter. Pothier, *loc. cit.*, lui permet d'exploiter,
sans distinction, seulement à condition que l'exploita-
tion ne soit pas abusive.

Les Coutumes du Maine, art. 70, et d'Anjou, art. 61,
déclarent que les mines d'or n'appartiennent ni au propriétaire du sol ni à l'usufruitier, mais au roi, et les
mines d'argent au seigneur du comté, de la vicomté ou
de la baronnie.

Quant aux fruits civils, Renusson, *loc. cit.*, ch. 6,

n° 44, dit que ce ne sont pas proprement des fruits,
mais plutôt des obventions qui sont dues *ob rem* (*Conf.*
Dumoulin, *sur l'anc. Cout. de Paris*, § 1, glos. 1, n° 50),
par exemple les rentes constituées, les loyers de maison,
et généralement tous droits et revenus qui sont dus.
Fructûs, dit Pontanus, *appellatione veniunt omnes com-
moditates et emolumenta quæ ex rebus pupillorum per-
cipi possunt.* Le gardien jouit donc des droits de chasse,
de garenne, de pêche, qui appartiennent aux mineurs à
cause de leurs fiefs, des profits et émoluments de fief,
droits de quint, lods et ventes, et tous autres droits dus
aux mineurs *jure dominii.* (*Conf.* Ferrière, *sur l'art.* 267
de la Cout. de Paris.)

Lorsqu'un droit de patronage et de présentation aux
bénéfices est attaché à un fief du mineur, le gardien en
jouit, ce droit étant *in fructu, quia sæpius renascitur.*
Le droit de patronage, dit Dumoulin, est attaché au fief,
et passe avec l'universalité du domaine à l'usufruitier :
*Jus patronatus ad sacerdotia transit cum universitate do-
minii, et per consequentiam rei cui adhæret transit in
fructuarium.* — Chopin, *Sur la Cout. d'Anjou*, liv. 2,
tit. 2, *De Jure deportûs*, n° 8, voyant que le gardien
exerce ce droit de patronage *jure proprio*, et non
comme représentant le mineur, en tire cette conséquence
qu'il peut présenter le mineur lui-même : ce qui ne serait pas permis au tuteur, lequel représente le pupille.
(*Conf.* Pothier, *Traité de la Garde noble*, n° 73.)

Si le mineur a plus de sept ans, celui qu'il présente
au bénéfice l'emporte sur le candidat présenté par le
gardien. (Pontanus, *Sur la Cout. de Blois*, ch. 2, art. 5.)

Il était presque généralement admis que le gardien

pouvait jouir des droits honorifiques attachés aux fiefs et seigneuries du mineur. Dans l'opinion contraire (Tronçon, *Sur l'art.* 268 *de la Cout. de Paris*), on disait que les droits dont il s'agit étant personnels, ils ne pouvaient être exercés par le gardien. Mais cet exercice des droits honorifiques étant plutôt avantageux que préjudiciable pour le mineur, on permit au gardien d'en profiter. (*Conf.* Dumoulin, *Matière des fiefs*, v° *Seigneur féodal.*)

De même, le gardien peut nommer aux offices des Justices qui dépendent des terres du mineur, et qui viennent à vaquer pendant le cours de la garde noble. Mais les officiers nommés par le gardien ne peuvent exercer leurs fonctions que pendant la garde ; après la garde, les droits du mineur doivent être intacts. Ainsi encore, le gardien ne peut destituer les anciens officiers, si ce n'est pour faute notable. (Ainsi jugé par trois arrêts rapportés par Loiseau, *Traité des Offices*, liv. 3, art. 5.)

Sont considérées comme fruits et, comme tels, attribuées au gardien, les amendes prononcées en matière civile et criminelle dans le ressort des Justices du mineur.

La condamnation à mort (mort naturelle ou civile) entraînait la confiscation des biens. La plupart des Coutumes décidaient formellement que les biens confisqués appartenaient au seigneur haut-justicier, à moins que la condamnation ne fût prononcée pour crime de lèse-majesté, auquel cas la confiscation profitait au roi. (Meaux, art. 206 ; Troyes, art. 120 ; Sens, art. 24.) C'était le droit commun de la France coutumière, observé par les Coutumes qui n'avaient pas à ce sujet de disposition expresse, par exemple celle de Paris. —

Toutefois la Cout. de Berry n'admettait pas la confi·ca·
tion, sauf au profit du roi pour crime de lèse-majesté
(tit. 2, art. 1 à 3). Celle du Maine, art. 157, la refusait
aussi, sauf en deux cas : hérésie et lèse-majesté. D'après
la Cout. de Normandie, art. 143, la confiscation a lieu
non pas au profit du seigneur haut-justicier, mais bien
au profit du seigneur féodal (1).

A part quelques Coutumes qui ont des dispositions
contraires expresses (Reims, art. 346), il était admis
que la confiscation portait, au profit du seigneur haut-
justicier dans le ressort duquel le condamné avait son
domicile, sur tous les meubles que le condamné possédait, soit dans cette Justice, soit ailleurs, par la raison
que les meubles sont censés avoir leur situation au domicile de leur possesseur : *mobilia personæ cohærent.*
Il en était de même des droits et actions personnelles,
jura et nomina, des rentes constituées qui appartenaient
au condamné quoique réputées immeubles par la Cou-

(1) Autre chose était *le Fief,* autre chose *la Justice :* ils procédaient, en
effet, d'origine différente. Les fiefs avaient leur source dans les habitudes
de clientèle militaire des Germains. L'origine des Justices se trouve dans
les *Chartes d'immunités* accordées, par les Mérovingiens, à des personnages
soit ecclésiastiques, soit laïques; la charte substituait celui qui l'obtenait
au fisc royal dans un ressort plus ou moins étendu. Comme au nombre des
ressources du fisc se trouvaient les amendes et autres produits de la Justice,
on en conclut que le concessionnaire de la charte avait le droit d'administrer
la Justice, pour en percevoir les émoluments : amendes, produits des greffes
et des tabellionats. La plupart des Justices étaient, il est vrai, attachées à
des fiefs, mais ce rapport n'était qu'accidentel, et ils restaient si bien
choses distinctes que la Justice s'étendait souvent hors des limites du fief,
et que tel seigneur relevait, pour le fief et pour la Justice, de seigneurs
différents. — Ajoutons, enfin, que, quelquefois, la Justice se trouvait
attachée à un alleu, mais alors la Justice n'était pas possédée allodiale-
ment; le possesseur de l'alleu relevait du roi, pour la Justice qui y était
attachée.

tume de Paris. Mais les immeubles qui ont une situation
fixe et certaine, les rentes foncières et tous autres droits
fonciers appartenaient au seigneur haut-justicier dans le
territoire duquel ils se trouvaient.

On se demandait si les biens confisqués dans la Justice d'un mineur appartenaient au gardien noble de ce
mineur en pleine propriété ou seulement en usufruit.

Et d'abord, à l'égard des meubles, il n'y avait pas
de difficulté ; ils étaient réputés fruits de la Justice et
comme tels appartenaient au gardien noble en propriété.

La controverse ne s'élevait qu'à l'égard des immeubles. Suivant Balde, le gardien n'a que l'usufruit : le
territoire doit être, après la cessation de la garde, resti-
tué en son entier ; or, il ne le serait pas, suivant cet
auteur, si le gardien avait la propriété des biens confisqués : *tunc restituto usufructu domino, restituenda quo-
que hujusmodi pœna, alias non censeretur redditum
integrum territorium.* (In leg. ultim. Dig. *Soluto matrimonio.*)

L'opinion la plus générale, au contraire, donnait au
gardien noble la propriété. Le propriétaire de la Haute-
Justice n'a pas plus de droit sur les biens confisqués que
si le possesseur de ces biens les avait vendus ou donnés ;
qu'il conserve son droit de haute-justice sur ces biens,
c'est tout ce qu'il peut prétendre ; sa juridiction lui est
conservée entière. (En ce sens : Bartole, *in eamdem
legem* ; — Dumoulin, sur l'anc. cout. de Paris, tit. 1er :
De materia feod., § 1, glos. 1, v. *Seigneur féodal*, n° 68 ;
— Pontanus, sur *la Cout. de Blois*, ch. 2, art. 5 ; —
Renusson, *Traié de la Garde noble*, ch. 6, nos 58 et

9

suiv.; — Pothier, *Traité de la Garde noble*, n° 72 ; — Ferrière, *sur l'art. 267 de la Cout. de Paris.*)

Une question accessoire s'élevait au sujet de l'époque qu'il fallait considérer pour déterminer à qui, du propriétaire ou de l'usufruitier, devait appartenir le bien confisqué. Était-ce le jour du crime ou le jour de la sentence ? La question se présentait lorsque le crime avait été commis pendant la durée de la garde noble, et la sentence prononcée après la cessation des fonctions du gardien. Les Coutumes de Meaux, art. 206, et de Troyes, art. 120, résolvaient la question en s'attachant au jour de la sentence. Dans les Coutumes muettes, par exemple celle de Paris, il y avait divergence entre les auteurs, mais la plupart déclaraient qu'il fallait s'attacher au jour du crime. (Pontanus, Dumoulin, *loc. cit.*) Renusson préfère l'opinion contraire, dans un intérêt d'ordre public, afin d'intéresser celui qui jouit de la Justice à la prompte répression des crimes.

La commise du fief est aussi une confiscation, mais différente de celle dont nous venons de parler. Elle avait lieu lorsque le vassal déniait et désavouait son seigneur. (Art. 43 de la Cout. de Paris.) Lorsqu'un vassal du mineur s'exposait à la commise, le fief de ce vassal était attribué, non plus au gardien noble du mineur, mais au mineur lui-même : la commise, en effet, était la conséquence du manquement du vassal à l'obligation qui le liait au suzerain, c'est-à-dire au devoir de fidélité, l'une des conditions sous lesquelles le seigneur avait concédé le fief. La commise a donc une cause plus ancienne que le droit du gardien, et c'est pour ce motif que le fief confisqué retourne directement au propriétaire, *jure consolidationis,* selon Dumoulin ; et ce n'est, dit-il, rien autre chose que l'extinction de la concession du fief, de l'emphytéose ou de la censive, le retour du domaine utile et la consolidation avec le domaine direct. «....*Istud commissum venit jure consolidationis, et nihil aliud est quam concessionis feudalis, emphyteuticœ, vel censualis extinctio, et utilis dominii reversio et consolidatio cum directo.* » (Dumoulin, *loc. cit.,* n° 55. — *Sic* : Ferrière, *sur l'art.* 267 *de la Cout. de Paris.*)

Mais ce fief qui fait retour au suzerain par suite de la commise, étant, suivant Dumoulin, non pas un héritage indépendant et nouveau, mais un accessoire du fief dominant, qui est censé être de même nature et en faire partie, le gardien du mineur suzerain en a la jouissance pendant la durée de la garde noble, comme du fief dominant lui-même. (Dumoulin, *loc. cit.,* n° 63 ; Pontanus, *loc. cit.*)

Doit-on considérer comme un fruit civil de la garde noble, et, comme tel, attribuer au gardien le droit de retrait féodal à l'égard d'un fief vendu par le vassal du mineur pendant le cours de la garde ? Si nous appliquons ici les raisons données par Dumoulin à l'appui de la précédente solution, nous répondrons négativement. Mais on a admis que l'exercice du retrait féodal par le gardien étant avantageux au mineur, il n'y avait pas lieu de l'empêcher. Il est avantageux au mineur en ce que celui-ci peut, après la cessation de la garde noble, prendre pour lui-même le fief retrayé par le gardien, en remboursant à ce dernier le prix du retrait. (Ainsi jugé par arrêt du 23 février 1571, rapporté par Charondas, sur les art. 265 et suiv. de la Cout. de Paris.)

Mais si le gardien n'avait pas exercé le retrait féodal, l'acquéreur du fief lui aurait payé le droit de quint. Le mineur, qui prend pour lui l'opération du retrait, doit-il indemniser son gardien de cette privation du droit de quint? L'opinion commune, s'écartant en cela de l'avis de Dumoulin, se prononce contre le gardien. Le mineur n'a pas à lui payer ce droit, parce que l'acquisition n'a pas subsisté; elle a été anéantie dans ses effets par le retrait féodal; peu importe qu'il y ait à la fois un nu-propriétaire et un usufruitier: la solution doit être la même que quand le retrait est exercé par un plein propriétaire.

Aux termes de l'art. 2 de la Coutume de Paris, l'usufruitier d'un fief dominant peut exercer la saisie féodale sur le fief du vassal « faute d'homme, droit, devoirs non faits et non payez. » Le gardien noble peut donc saisir féodalement un fief de la mouvance du mineur. Mais on se demandait à qui profiteraient les fruits. On admet généralement que le gardien pourrait jouir de ce fief pendant la durée de la garde noble, au même titre que du fief dominant appartenant au mineur, parce que, disait Dumoulin, les fruits de ce fief étaient des obventions du fief dominant dans lequel il était venu s'absorber et dont il faisait désormais partie intégrante. *Fructus subfeudorum apertorum et saisitorum sunt obventiones feudi dominantis, et illius occasione percipiuntur; igitur spectant ad habentem usumfructum feudi dominantis.* (*Materia feod.*, § 13, glos. 1, v° *Seigneur féodal*, n° 42; *Conf.*, Renusson, *loc. cit.*, ch. 6, n° 86.)

Plusieurs Coutumes, avons-nous dit, reconnaissent au gardien noble un droit de pleine propriété sur les meubles qui font partie de la succession échue au mi-

neur. (Orléans, art. 25 ; Senlis, art. 307 ; Reims, art. 331 ;
Berry, art. 26 ; Sens, art. 156.) On se demandait,
dans ces Coutumes, ce qu'il fallait comprendre sous la
dénomination de meubles, et s'il fallait attribuer au
gardien tout ce qui est de nature mobilière.

Et d'abord, l'usage, dit Pothier, en a excepté les
créances qu'ont les mineurs contre le survivant, pour la
reprise des deniers dotaux du prédécédé, stipulés propres, et pour le remploi des propres aliénés ; car, quoique ces créances en elles-mêmes soient mobilières,
ayant pour objet une somme de deniers, néanmoins
elles sont regardées, à cet égard, comme des espèces
d'immeubles fictifs. (Pothier, *Traité de la Garde noble*,
n° 74 ; *Conf.* Renusson, *oper. cit.*, ch. 6, n°* 87 à 89.)

Mais que décider à l'égard des deniers ou effets mobiliers que la femme a mis dans la communauté, et dont
elle a stipulé la reprise, en cas de renonciation par elle
à la communauté? On se demandait si le père, gardien
noble de ses enfants mineurs, après le décès de leur
mère, pouvait prendre ces deniers ou ces effets mobiliers. On décidait en faveur du gardien, parce que cette
reprise, que les enfants ont droit d'exercer en vertu de
la clause du contrat de mariage, leur appartenant en
qualité d'héritiers de leur mère, est purement mobilière. Dès lors, le gardien, débiteur de la reprise, en
était libéré.

Dans les Coutumes qui accordent au gardien la propriété des meubles du mineur, il n'en faut pas moins
appliquer les règles de la légitime, et par conséquent
distraire de l'émolument du gardien une partie du mobilier, pour parfaire la légitime des enfants.

Le droit de garde noble, étant un usufruit, est un droit tout personnel, qui ne peut être ni vendu ni cédé. Ce que le gardien peut vendre ou céder, ce sont seulement les fruits et émoluments qui en proviennent. Quelques Coutumes en ont même une disposition formelle : Maine, art. 90; Anjou, art. 91; Touraine, art. 339.

SECTION III

Charges et obligations du gardien.

Les charges et obligations imposées au gardien noble ou bourgeois sont les suivantes :

1° Confection d'un inventaire;
2° Caution;
3° Entretien et éducation du mineur;
4° Entretien des biens;
5° Acquittement des dettes.

Nous allons les examiner successivement.

§ 1er. *Confection d'un inventaire.* — Nous avons dit déjà que, de droit commun, le gardien ne gagnait pas les meubles, qu'il n'en avait que l'administration (Paris, art. 267), mais que quelques Coutumes, entre autres celles d'Orléans et de Sens, lui en accordaient la propriété. Il va de soi que, dans les premières, le gardien soit assujetti à l'inventaire : c'est le moyen le plus naturel et le plus sûr de garantir aux enfants mineurs la restitution du mobilier à la cessation de la garde. Nous trouvons cette obligation imposée au gardien, d'une manière expresse, dans un grand nombre de Coutumes, notamment celles de Paris, art. 269; du Maine, art. 98; de Clermont en Beauvoisis, art. 174; de Tours, art. 341 et 342; du Grand Perche, art. 171; de Péronne, art. 222 et 224; de Berry, tit. 1er, art. 28.

La Coutume de Sens, l'une de celles qui donnent au gardien noble la propriété des meubles, lui impose néanmoins l'obligation de faire inventaire, et cela parce qu'il doit les restituer en cas de convol (art. 156).

La Coutume d'Orléans, qui donne aussi au gardien la propriété des meubles, ne s'explique pas sur l'obligation de faire inventaire; Pothier, néanmoins, dit qu'il a été plusieurs fois jugé que les parents du mineur pouvaient poursuivre le gardien noble en justice, pour l'obliger à faire cet inventaire. (*Cout. d'Orléans*, introd. au tit. *des Fiefs*, n° 338.)

Quelle est la sanction de cette obligation? Renusson se demande si le gardien qui a laissé passer le temps de la garde sans avoir fait inventaire est déchu de son droit, et doit restituer les fruits qu'il a perçus. Pour l'affirmative, on disait que quand la loi attribue à une personne quelque émolument, et lui impose une condition, la négligence de cette personne à satisfaire à la prescription de la loi doit la faire déchoir de son droit. (Ainsi jugé par arrêt du 20 août 1605, rapporté par Tronçon, sur l'art. 269 de la Cout. de Paris.)

Malgré l'autorité de cet arrêt, la commune opinion était que le gardien ne doit pas être déchu pour n'avoir pas fait inventaire. Cette déchéance est une peine, et, dans le silence de la loi, une peine ne peut être suppléée. On invoquait l'autorité de Dumoulin, qui, sur l'art. 174 de la Cout. du Bourbonnais, dit en parlant du gardien qui n'a pas fait inventaire : *Tamen hoc omisso non desinit facere fructus suos, quia inventarium nihil habet commune cum reliquis.*

Mais le tuteur ou les parents du mineur peuvent se pourvoir en justice, à l'effet de contraindre le gardien à faire inventaire, sinon à le faire déclarer déchu de son droit de garde.

Enfin, les enfants ont encore une autre ressource, lorsque le gardien est le survivant de leurs père et mère. Ils peuvent demander la continuation de la communauté, ou, s'ils voient que la communauté ne leur est pas avantageuse, le juge leur pourra déférer le serment *in litem* contre le gardien sur l'importance du mobilier.

Ce que nous venons de dire sur le défaut d'inventaire pendant la durée de la garde montre ce qu'il faut décider sur la question que l'on se posait, à savoir : dans quel délai devait être fait l'inventaire? L'ordonnance de 1667 avait dit que la veuve et l'héritier devaient faire inventaire dans les trois mois, et, par argument d'analogie, on proposait d'étendre la même règle au gardien. Mais on décidait généralement que ce délai n'était point de rigueur, et que le gardien n'était point déchu de son droit pour ne l'avoir point observé.

§ 2. *Caution.* — Dans quelques Coutumes, le gardien noble était obligé de donner caution. Ainsi, aux termes de l'art. 34 de la Coutume de Berry, le baillistre collatéral donné à un mineur noble, s'il n'est notoirement solvable, doit donner suffisante caution bourgeoise ; on

entend par là un marchand ou un bourgeois solvable.
Il ne doit pas donner pour caution un noble, «parce que,
dit [La Thaumassière, les gentilshommes sont réputés
de difficile convention. »

La Coutume de Paris n'oblige de donner caution que
le gardien bourgeois, et elle n'y oblige pas le gardien
noble. Au quinzième siècle, nous voyons dans le Grant
Coustumier, liv. 2, chap. 41, que le noble, qui était
généralement propriétaire foncier, était, pour ce motif,
dispensé de donner caution ; quant au bourgeois parisien, il en était ordinairement dispensé, mais pas toujours : c'était une simple question de solvabilité présu-
mée. Dans la Coutume rédigée (seizième siècle), il
semble que l'obligation de fournir caution tienne à l'état
social du gardien. Le bourgeois y est astreint ; le noble
en est dispensé. Le motif indiqué par Renusson (*loc.
cit.*, ch. 4, n° 13) est que « *l'on présume*, dit-il, que
» les nobles ne sont parvenus à cette qualité, eux ou
» leurs prédécesseurs, que par des degrés d'honneur
» et de vertu, qu'ils ont plus de prudhomie, et que
» cela les oblige à mieux s'acquitter de leur devoir. »
Toutefois, il ajoute, et Laurière dit aussi que le gardien
noble devait quelquefois donner caution, quand il n'offrait pas assez de garanties personnelles de moralité et
de bonne administration.

Plusieurs Coutumes obligent aussi le gardien noble à
donner caution, notamment celle de Mantes, art. 181 ;
celle de Péronne, art. 220.

La Coutume de Montfort, art. 118 et 110, est conçue
dans les mêmes termes que celle de Paris.

Dans la Coutume d'Orléans, le gardien, soit noble,

soit comptable, n'est point soumis à cette obligation, excepté lorsque c'est la gardienne noble qui se remarie. (Pothier, *Traité de la Garde noble et bourg.*, n° 80 in fine.)

Sur la sanction de l'obligation de fournir caution, même controverse et même solution que sur la sanction de l'obligation de faire inventaire.

§ 3. *Entretien et éducation du mineur.* — L'obligation d'entretenir et élever le mineur qui incombe au gardien noble ou bourgeois est écrite formellement dans la Coutume de Paris (art. 267) et dans la généralité des Coutumes. Ainsi, nous la retrouvons dans les Cout. de Meaux, art. 149; de Blois, art. 5; de Melun, art. 286; de Clermont, art. 170; de Sens, art. 156.

La limite de cette obligation est fixée par la plupart de ces Coutumes, où il est dit : « Le gardien sera tenu » de nourrir, alimenter et entretenir les mineurs, ou » faire instruire selon leur qualité et état. » (Clermont, » art. 170). La Coutume de Blois porte : « Si les mi- » neurs sont mâles, le gardien doit les monter de che- » vaux; si ce sont filles, les vêtir selon leur état et con- » dition. » Ce sont des dispositions que l'on rencontre partout, et dans les Coutumes muettes la justice les appliquait également.

La sanction de cette obligation consiste dans le pouvoir donné au juge, sur la plainte du tuteur ou des parents, de saisir les revenus du mineur pour y contraindre le gardien. Les contestations qui surviendraient à ce sujet sont réglées par le juge, *boni viri arbitratu*, ou suivant l'avis des parents, qui connaissent la fortune du mineur. (Pothier, *Traité de la Garde noble ou bourg.*, n° 81 ; Renusson, *op. cit.*, ch. 7, n° 73.)

§ 4. *Entretien des biens.* — Le gardien étant usufruitier, la Coutume de Paris met à sa charge les réparations viagères, et l'oblige de rendre, à la fin de la garde, les héritages en bon état. Par réparations viagères, la Coutume entend « toutes réparations d'entretènemens, « hors les quatre gros murs, poutres et entières couvertures » (art. 262). Mais cela ne met pas à sa charge les réparations qui sont nécessaires lorsque commence la garde ; toutefois, si ce sont des réparations dites locatives, il doit les faire, sauf son recours contre les locataires et fermiers à qui elles sont imposées.

Lorsqu'au commencement de la garde, les héritages ne sont pas en bon état, le gardien doit les faire vérifier par experts, afin de se garantir des réclamations éventuelles du mineur, après la garde ; car la présomption est qu'il a trouvé les biens en bon état de réparations. D'ailleurs, cette visite des héritages par experts, et contradictoirement avec le tuteur ou autre légitime contradicteur, est imposée formellement par plusieurs Coutumes, notamment celles de Senlis, art. 154 ; de Clermont en Beauvoisis, art. 171. C'était de droit commun, et observé dans les Coutumes muettes, au nombre desquelles se trouvait la Coutume de Paris.

Quant aux Coutumes qui donnaient au gardien la propriété des meubles, il semblait équitable, dit Pothier, que dans ces Coutumes le mobilier des mineurs fût employé jusqu'à due concurrence à réparer leurs héritages, et que le gardien ne profitât que du surplus.

Que si le gardien administrait mal les biens des mineurs, plusieurs Coutumes décidaient qu'il devait être privé de la garde. (Melun, art. 292 ; La Marche art. 75.) Ceci fut étendu dans toutes les Coutumes.

On se demandait si le gardien, usufruitier, devait payer les frais des procès faits dans l'intérêt des héritages du mineur. Cela était indubitable, suivant Pothier, à l'égard des procès commencés du vivant du prédécédé : c'étaient de véritables dettes de la succession dont était tenu le gardien. On décidait de même à l'égard des procès engagés durant la garde ; la Coutume de Péronne, art. 224, ne distingue pas ; il en était de même des Coutumes de Clermont en Beauvoisis, art. 170, de Melun, art. 280 (*Conf.* Pothier, *Traité de la Garde,* n° 83.)

Renusson distingue, selon que l'immeuble à l'occasion duquel s'élève le procès était déjà ou non en la possession du gardien à l'ouverture de la garde noble. S'il y était, le gardien devait payer les frais de ce procès ; si non, les frais ne sont pas à sa charge, par la raison, dit cet auteur, que le procès n'est point de son fait, ayant été intenté depuis qu'il est gardien par le tuteur des mineurs, après avis de parents. (Renusson, *Traité de la Garde noble et bourgeoise,* ch. 7, n° 82.)

§ 5. *Acquittement des dettes.* — Le gardien noble, dans le droit des Coutumes, comme autrefois le baillistre, dans le droit féodal, prenait à sa charge les dettes du mineur.

Il n'est pas douteux, dit Pothier, que le gardien noble doit acquitter les charges réelles des héritages dont il a

la jouissance : c'est une charge naturelle de la jouissance. Par charges réelles, Pothier entendait probablement les arrérages des rentes foncières, parce que, dans
les anciens principes, c'était le fonds plutôt que la personne qui devait la rente. (M. Bugnet, *sur Pothier, loc.
cit.*, n° 84.)

On peut dire d'une manière générale que le gardien
noble doit payer les dettes mobilières de la succession
du prédécédé, et les dettes de jouissance; par exemple,
les arrérages de rente, déjà échus au moment de l'ouverture de la garde, et ceux qui échoient pendant sa
durée.

Toutefois cette obligation est plus ou moins étendue,
selon les Coutumes. Il faut à cet égard distinguer entre
les Coutumes qui donnent au gardien la propriété des
meubles et celles qui ne lui donnent que la simple administration.

Dans les premières, l'obligation est plus rigoureuse,
ce qui s'explique par l'importance plus considérable de
l'émolument accordé au gardien. Toutes les dettes mobilières de la succession du prédécédé sont à sa charge :
toutefois, la créance du gardien, conjoint survivant,
pour ses reprises et le remploi de ses propres, étant
considérée comme immobilière, elle n'est point éteinte
par confusion et subsiste contre les enfants.

Ce serait également une créance immobilière, qui
survivrait pour moitié au profit du gardien, conjoint
survivant, contre ses enfants, que celle qui résulterait
du remboursement d'une rente due par le prédécédé à
l'aide d'une somme tirée de la communauté. La créance
de la communauté prend en effet la nature immobilière

de la rente, dans les principes de notre ancien droit, et la moitié de cette créance afférente au survivant ne périt pas par confusion, par suite de l'acceptation de la garde, mais subsiste à son profit.

Mais il n'en faut pas dire autant de ce que doivent les enfants au survivant de leurs père et mère pour bâtiments faits sur les héritages du prédécédé ; c'est, dit Renusson, une dette mobilière dont est tenu le survivant qui a accepté la garde.

De même, si dans le contrat de mariage il a été stipulé que la femme aura une certaine somme pour son droit de communauté, la femme survivante et gardienne noble de ses enfants mineurs ne peut demander à ceux-ci le montant de cette somme : c'est une dette mobilière de la succession du père prédécédé, qui passe sur la tête de la gardienne, et s'éteint ainsi par confusion.

Si nous passons maintenant aux Coutumes qui ne donnent au gardien noble que l'administration des meubles, nous verrons que sous le régime de ces Coutumes on était plus disposé à restreindre ses charges.

D'après l'art. 267 de la Coutume de Paris, le gardien noble ou bourgeois est tenu de « payer les dettes et « arrérages de rentes que doivent les mineurs, les « nourrir et entretenir selon leur qualité, entretenir les » héritages et payer les charges annuelles dont ils sont « chargés. »

Lorsque la dot de la femme consiste en fonds d'héritage, elle a droit de reprendre son fonds dotal, quoiqu'elle accepte la garde de ses enfants. Il en est de même lorsque sa dot consiste en deniers ou autres effets mobiliers stipulés propres. Cette jurisprudence, dit Renusson (*Tr. de la Garde noble et bourg.*, ch. 7, n° 18), est bien établie et n'est point révoquée en doute. — Ce que nous venons de dire pour la femme, nous devons le dire aussi pour le mari survivant, qui a accepté la garde noble et bourgeoise de ses enfants mineurs.

Doit-on donner la même solution lorsque la femme, au lieu d'accepter la communauté, y renonce ? En faveur des enfants on faisait remarquer que la somme due à la mère, pour ses deniers dotaux stipulés propres, consistant en deniers, et son action ne tendant qu'à demander une somme de deniers, c'est une dette passive mobilière, en la succession du père, dont la femme doit acquitter ses enfants, et qu'ainsi cette dette s'éteint par confusion. Néanmoins l'opinion contraire a dû prévaloir, par la raison qu'on devait assimiler la dot de la femme dont il s'agit à une dot consistant en héritages, et par conséquent donner la même solution. (Renusson, *ibid.*, n° 21.)

On considérait également comme immeubles, au regard des conjoints entre eux, et par conséquent entre le survivant et les héritiers du prédécédé, jusqu'à la reprise effectuée, le prix des héritages propres à l'un des époux vendus pendant le mariage, et le prix de ses rentes propres rachetées dans le même temps ; en sorte que le conjoint survivant, gardien de ses enfants mineurs, ne pouvait se voir opposer la confusion, soit en cas d'acceptation de la communauté, soit même en cas de renonciation. Pothier résume en ces termes les décisions que nous venons de parcourir d'après Renusson, et d'autres qui se trouvent données par le même auteur au

chapitre 7 de son *Traité de la Garde noble* : « Le gardien
» noble, dit Pothier, ne doit pas confondre les récom-
» penses qui lui sont dues par ses enfants, héritiers du
» prédécédé, pour les sommes tirées de la communauté
» par le prédécédé pour son profit particulier, par exem-
» ple pour construire un bâtiment sur son propre,
» parce que ces récompenses ne sont pas tant des dettes
» de la succession du prédécédé que le droit qu'a le
» survivant de s'égaler dans les biens qui restent à par-
» tager de la communauté à ce que le prédécédé en a
» déjà tiré d'avance sur sa part. » (Pothier, *Traité de
la Garde noble*, n° 90.)

Mais toutes ces solutions données par Renusson
comme conformes aux principes, Pothier est loin de les
trouver aussi juridiques. Toutes ces dettes sont des dettes
mobilières, et si Renusson est amené à les assimiler à
des dettes immobilières, dans les Coutumes qui ne
donnent au gardien que l'administration des meubles et non la propriété, c'est tout simplement, suivant Pothier (*ibid.*, n° 92), en considération du peu d'importance de l'émolument accordé au gardien dans cette
classe de Coutumes. C'est, en un mot, une décision de
faveur, plutôt qu'une déduction rigoureuse des principes.

Plusieurs Coutumes mettent expressément à la charge
du gardien les frais funéraires du prédécédé des père et
mère. (Bourbonnais, art. 241; Nivernais, tit. 23, art. 7.)
Mais la plupart des Coutumes sont muettes sur ce
point. Et d'abord, dans celles qui donnaient au gardien
la propriété des meubles, on ne faisait aucune difficulté
d'admettre qu'il devait supporter les frais funéraires du
prédécédé.

La question ne se posait donc que dans les Coutumes qui n'accordaient au gardien que la simple administration des meubles. Plusieurs arrêts, rapportés par Renusson(*ibid.*, n°° 57 et suiv.), mettent les frais funéraires à la charge du gardien. En 1684, à propos de deux procès pendants à la Cour, intervinrent deux *actes de notoriété du Châtelet*, l'un contre le gardien, l'autre en sa faveur ; mais le premier fut seul suivi.

La femme, gardienne noble, devant supporter les frais funéraires du conjoint prédécédé, sa créance de deuil se trouve éteinte par confusion.

Les legs de sommes d'argent devaient-ils être à la charge du gardien? Certaines Coutumes lui imposaient l'obligation d'exécuter le testament du défunt. Pas de difficulté dans ces Coutumes.

Dans celles qui donnaient au gardien la propriété des meubles, il allait de soi qu'il acquittât les legs mobiliers du défunt. M° De Laistre, sur l'art. 156 de la Coutume de Sens, qui se trouvait dans cette classe de Coutumes, s'exprime ainsi : « A l'égard des legs mobiliers faits par » le prédécédé, je crois que le gardien en est tenu dans » cette Coutume, parce qu'il gagne tous les meubles des » mineurs ; mais pour les immobiliers, il n'en est pas » de même, c'est aux héritiers à les payer. » Pothier donne la même solution dans la Coutume d'Orléans (*Introd. au tit. des Fiefs, Cout. d'Orléans*, n° 341 ; édit. Bugnet, tom. 1er, page 134).

Renusson allait même jusqu'à donner pareille décision dans les Coutumes qui n'accordaient au gardien que l'administration des meubles. Mais Pothier fait remarquer qu'il est contredit par presque tous les com-

10

mentateurs de la Coutume de Paris, par cette raison que le terme de *dettes* doit avoir une signification restreinte. (Pothier, *Traité de la Garde noble et bourg.*, n° 95 ; *Conf.* Ferrière, sur l'art. 267 de la Cout. de Paris.)

S'il s'agit de legs de corps certains, il n'y a pas de question, puisque la propriété en passe au légataire ; ces objets doivent être distraits de la succession du *de cujus*.

L'ancienne Coutume de Paris, rédigée en 1510, portait (art. 32) que le gardien faisant les fruits siens est tenu de payer le droit de relief pour les héritages féodaux appartenant à ses mineurs. Les critiques adressées par Dumoulin à cette disposition la firent abroger lors de la seconde rédaction, en 1580 ; l'art. 46 est ainsi conçu : « Le gardien noble ou bourgeois n'est tenu » payer droit de relief pour les héritages féodaux appar- » tenant aux mineurs dont il est gardien, mais il est » tenu les en acquitter s'il en est dû du chef des mi- » neurs. »

Toutefois, plusieurs Coutumes conservèrent la disposition édictée par l'ancienne Coutume de Paris et imposèrent au gardien l'obligation de payer relief de son chef. (Artois, art. 118 ; Péronne, art. 224 ; Ponthieu, art. 28.)

L'art. 46 de la nouvelle Coutume de Paris suppose que le mineur doit payer relief de son chef. C'est dans le cas où un fief lui échoit en ligne collatérale. On avait tiré de cet article un argument pour dire que non-seule-ment la succession du prédécédé des père et mère tombe en garde, mais encore toutes autres successions directes et collatérales qui sont échues aux mineurs pendant la garde. Mais on a répondu que l'art. 46 *in fine* s'applique à un usage du Vexin français, où il est dû relief à toutes mutations de fief, tant en ligne directe qu'en ligne collatérale.

La Coutume de Paris ne s'est pas expliquée sur la prestation de foi et hommage, et sur les aveux et dénombrements. L'art. 41 dit que le seigneur féodal est tenu de bailler souffrance aux mineurs ou à leur tuteur, jusqu'à ce que l'un d'eux soit en âge pour porter la foi et l'hommage. On en conclut que dans cette Coutume, le gardien n'est pas tenu de porter la foi et l'hommage, mais que, s'il est en même temps tuteur, il doit demander au seigneur féodal de bailler souffrance à ses mineurs.

Certaines coutumes disposent autrement. Ainsi, la Coutume de Sens, art. 157, s'exprime ainsi : « Les sei-
» gneurs féodaux sont tenus de recevoir lesdits gar-
» diens en foi et hommage des héritages, terres et sei-
» gneuries appartenant auxdits mineurs, et ce, *sans*
» *rachat ni relief,* pourvu que les héritages leur soient
» échus en ligne directe ; car le gardien en ligne directe
» ne rachète point. » Le gardien noble devait également prêter foi et hommage dans les Coutumes du Maine, art. 118 et 135; d'Orléans, art. 23; de Blois, art. 5.

Quant aux aveux et dénombrements, ce n'est pas au gardien à les faire. En effet, comme l'aveu et dénombrement contient ou doit contenir en détail les héritages qui sont dans la mouvance du seigneur, c'est, dit Renusson (*loc. cit.*, ch. 9, n° 6), une espèce de reconnaissance qui oblige le vassal qui le donne et le seigneur qui le reçoit ; c'est un titre entre le seigneur et le vassal, et voilà pourquoi ce n'est point au gardien, simple administrateur, à le fournir. Mais les mineurs, une fois arrivés en âge, en même temps qu'ils doivent porter la foi et l'hommage, doivent fournir l'aveu et dénombrement.

Le gardien peut recevoir la foi et l'hommage des vassaux de ses mineurs, afin de pouvoir toucher les profits et émoluments du fief, dont il a droit de jouir en qualité de gardien. De même les vassaux doivent pouvoir prêter entre les mains du gardien noble de leur suzerain mineur la foi et l'hommage, afin d'éviter la saisie de leurs fiefs. Mais il n'en est pas de même des aveux et dénombrements, pour la raison que nous venons de donner plus haut; c'est le mineur qui les reçoit lui-même, quand il est arrivé à sa majorité. (*Conf.* Tours, art. 346; Lodunois, tit. 33, art. 5.)

Remarquons enfin que, contrairement à ce que nous avons rencontré dans le bail de l'époque féodale, l'acceptation de la garde ne fait pas novation. Les créanciers du mineur ont, une fois la garde acceptée, deux débiteurs au lieu d'un.

SECTION IV

Des causes qui mettent fin à la Garde noble et bourgeoise.

Les causes qui mettent fin à la garde sont les suivantes :

1° *L'âge du mineur.* — On distinguait trois sortes

de majorité : 1° la majorité de vingt-cinq ans, *œtas perfecta ;* 2° la majorité féodale, qui rendait le possesseur de fief capable de porter la foi et l'hommage, et le mettait en demeure de remplir cette obligation ; 3° la majorité roturière, qui rendait le propriétaire de biens non nobles capable de les administrer. Ces deux dernières variaient selon les Coutumes.

A Paris, l'âge qui mettait fin à la garde noble était de vingt ans pour les garçons et de quinze ans pour les filles. Dans la Coutume de Sens, la garde noble cessait pour le fils à dix-huit ans, et pour la fille à quatorze ans (art. 158.)

La garde bourgeoise, dans les Coutumes qui l'admettaient, finissait plus tôt que la garde noble. Ainsi, à Paris, l'âge était pour les garçons de quatorze ans, et pour les filles de douze ans.

La garde comptable de la Coutume d'Orléans, qui n'était autre chose qu'une tutelle légitime, finissait, comme la tutelle, quand le mineur avait vingt-cinq ans accomplis, ou par son mariage, ou par son émancipation, ou par sa mort naturelle ou civile, ou la mort naturelle ou civile du gardien. (Pothier, *Traité de la Garde noble et bourgeoise,* n° 104.)

2° *Le mariage du mineur*, dans les Coutumes où le mariage émancipe. Quant au mariage de la mineure, il mettait partout fin à la garde, quand même le mari qu'elle prenait était mineur. Plusieurs Coutumes le décident ainsi d'une manière expresse, consacrant en cela les règles du droit féodal.

3° *L'émancipation du mineur* par lettres du prince, entérinées devant le juge, du consentement du gardien.

4° *La destitution du gardien* par sentence du juge, provoquée par le tuteur ou par les parents du mineur, si le gardien se rendait coupable de malversations, ou s'il n'entretenait pas le mineur selon son état et sa condition ; ou encore, si la femme, gardienne, se rendait coupable de débauche publique.

5° *La mort naturelle du mineur*, ou sa *mort civile* résultant soit de son entrée en religion, soit d'une condamnation à une peine capitale.

6° *La mort naturelle ou civile du gardien.* — Elle fait cesser la garde, car la garde ne se défère pas deux fois.

7° *Le convol en secondes noces du gardien.* — Il y a des différences selon les Coutumes. La Coutume de Paris, art. 208, ne distingue pas entre le gardien et la gardienne. Les Coutumes de Châteauneuf, art. 136 ; de Melun, art. 186 ; de Tours, art. 139, n'imposent cette déchéance qu'à la gardienne.

La Coutume d'Orléans, art. 25, ne fait pas cesser la garde au second mariage du gardien ; mais si la gardienne se remarie, et que son mari refuse le bail, le bail est déféré aux aïeul et aïeule.

La Coutume d'Artois, art. 157, n'admet pas du tout cette déchéance.

On a pu voir, par les développements dans lesquels nous sommes entré, et par les règles si diverses que cette matière comportait dans notre ancien droit coutumier, quelle variété existait entre les différentes Coutumes. Aussi, dans la matière que nous venons de traiter, comme dans toutes les autres matières du droit coutumier, naissait une foule de questions sur le point de savoir quelle Coutume il fallait appliquer dans tel ou tel cas. Par exemple, la garde s'ouvrait dans une Coutume, et les biens se trouvaient dans le ressort d'une ou de plusieurs autres Coutumes. Laquelle appliquer ? Les dispositions des Coutumes étaient, les unes de statut personnel, les autres de statut réel. Étaient de statut personnel les dispositions qui avaient trait à la dévolution de la garde, puisqu'elles s'occupaient de la personne des mineurs dont elles réglaient l'état, et qu'elles assujettissaient, disait Pothier, au gouvernement qu'elles déféraient à leurs gardiens. Aussi, pour la dévolution de la garde, appliquait-on la coutume du domicile des mineurs. Au contraire, on considérait comme étant de statut réel les dispositions des Coutumes qui avaient pour but de fixer l'émolument que devait avoir le gardien, de régler ses attributions, de déterminer ses pouvoirs. Aussi le gardien ne pouvait avoir l'émolument de la garde noble que sur les biens situés dans le territoire des Coutumes qui attribuaient cet émolument au gardien, car il est de la nature des statuts réels de n'exercer leur empire que sur les biens situés dans leur territoire. (Pothier, *Traité de la Garde noble et bourg.*, n° 105.)

Il y avait dans les Coutumes du Maine et d'Anjou un droit particulier appelé *déport de minorité*. D'après Renusson, *ibid.*, ch. 11, n° 1, « c'est un droit qui est dû
» au seigneur sur les fruits des héritages féodaux mou-
» vants de lui, appartenant à des mineurs nobles, quand
» le survivant des père et mère des mineurs n'en ac-
» cepte pas le bail et garde, et qu'on nomme un tuteur
» ou curateur aux mineurs. »

Le bail n'est déféré dans ces Coutumes qu'au survivant des père et mère ; lorsque tous deux sont décédés, on ne défère pas le bail aux collatéraux, mais il y a lieu de nommer tuteur ou curateur. Il n'y a donc qu'un seul cas dans lequel soit dû le droit de déport; c'est lorsque le père ou la mère des mineurs est décédé, et que le survivant ne recueille pas le bail de ses enfants « et s'en déporte. » Le tuteur ou curateur doit alors porter lui-même la foi et l'hommage au seigneur, et ce dernier exerce son droit de déport « sur les choses hommagées du mineur » : il consiste dans la perception d'une année des fruits.

Le déport de minorité a été aboli, en même temps que la garde noble royale et seigneuriale, par l'article 12 du décret des 15-28 mars 1790.

TROISIÈME PARTIE

DES EFFETS DE LA PUISSANCE PATERNELLE

A L'ÉGARD DES BIENS DE L'ENFANT

D'APRÈS LE CODE NAPOLÉON

CHAPITRE Ier

DE L'ADMINISTRATION LÉGALE

Les droits que notre législation actuelle attache à l'autorité paternelle à l'égard des biens des enfants sont de deux sortes : ils sont relatifs à la gestion et à la jouissance de ces biens.

Nous allons donc étudier, dans ce premier chapitre, les principes de l'administration légale ou paternelle, puis, dans le chapitre suivant, les règles de l'usufruit légal.

Un seul article du Code Napoléon est consacré à l'administration légale ; c'est l'art. 389, ainsi conçu : « *Le père est, durant le mariage, administrateur des biens per-*

sonnels de ses enfants mineurs. — Il est comptable,
quant à la propriété et aux revenus, des biens dont il n'a
pas la jouissance ; et quant à la propriété seulement, de
ceux des biens dont la loi lui donne l'usufruit. »

Cet article se trouve, dans le Code, en tête du chapitre consacré à la tutelle. En faut-il conclure que le
père, administrateur légal, est un tuteur, et que, par
suite, il faut appliquer à l'administration paternelle
toutes les règles relatives à la tutelle ? Ainsi la loi organise certaines garanties au profit du mineur en tutelle ;
elle veut que les biens du tuteur soient grevés d'une
hypothèque générale (art. 2121) ; elle place à côté de
lui un surveillant appelé subrogé-tuteur, puis un conseil
de famille ; elle permet de l'exclure ou de le destituer ;
elle limite ses pouvoirs avec une extrême sollicitude ;
elle lui impose, pour certains actes, l'obligation d'avoir
l'autorisation du conseil de famille ; pour d'autres,
non-seulement l'autorisation du conseil, mais encore
l'homologation du tribunal ; il y a d'autres actes enfin
qu'elle lui interdit d'une manière absolue.

Toutes ces garanties existent-elles contre le père, administrateur légal ?

Quelques auteurs l'ont pensé. Il y a, disent-ils, assimilation entre l'administrateur légal et le tuteur. Ce
qui le prouve, c'est la place qu'occupe l'art. 389, au
titre de la tutelle. C'est là, dit-on dans ce système, un
argument dont il faut tenir compte, alors surtout qu'il
y a mêmes motifs pour étendre à ce cas les règles de la
tutelle. Ici, comme en matière de tutelle, l'enfant mineur a besoin d'être énergiquement protégé par la loi
contre les périls d'une gestion vicieuse et abusive.

De cette assimilation on concluait notamment que les biens de l'administrateur légal devaient être grevés de l'hypothèque générale organisée par l'art. 2121. (Persil, *Rég. hyp.*, art. 2121 ; Toulouse, 23 décembre 1818 : Dalloz, *Rép.*, tome 37, v° *Privil. et hyp.*, n° 1035.)

Ce système est aujourd'hui unanimement repoussé. On ne saurait assimiler, d'une manière aussi complète qu'on veut le faire dans la doctrine opposée, le père administrateur légal avec le tuteur. Il y a en effet une différence importante entre la situation de l'enfant qui a encore son père et sa mère et la situation du mineur en tutelle. Cette surveillance, organisée au profit du mineur, dont la loi investit le conseil de famille et le subrogé-tuteur, n'est-elle pas en effet avantageusement remplacée par le contrôle actif et incessant de la mère ? N'y a-t-il pas un contre-poids suffisant au pouvoir du mari dans la sollicitude inquiète de la mère qui veillera avec un soin plus scrupuleux qu'un étranger aux intérêts pécuniaires de ses enfants ?

Argumente-t-on de la place qu'occupe notre art. 389 en tête des règles consacrées à la tutelle? Mais les Travaux Préparatoires nous montrent que le législateur, en lui donnant cette place, n'entendait pas le moins du monde dire que le père administrateur serait un tuteur. Cet article a été inséré sur la proposition du Tribunat, et les paroles du rapporteur, qui en demandait l'insertion au nom de la section de législation, suffisent pour indiquer le but du législateur. Voici en quels termes la section s'exprimait :

« La section pense que le premier article de ce chapitre doit exprimer, en termes précis, quelle est, durant

le mariage, la qualité du père par rapport aux biens
personnels de ses enfants mineurs, soit pour ce qui
concerne la propriété de ces biens seulement, s'il a droit
à la jouissance, soit pour ce qui concerne la jouissance
et la propriété, si l'une et l'autre appartiennent à ses enfants. Jamais, jusqu'à ce jour, le père ne fut qualifié de
tuteur de ses enfants avant la dissolution du mariage.
Si, pendant que le mariage existe, la loi n'admettait
aucune différence entre le père et le tuteur proprement
dit, il faudrait que le père fût, par rapport aux biens
personnels de ses enfants, assujetti, durant le mariage,
à toutes les conditions et charges que la loi impose au
tuteur. Il faudrait que le père fût sous la surveillance
d'un subrogé-tuteur, sous la dépendance d'un conseil de
famille, etc., etc., ce qui répugne à tous les principes
constamment reçus.

« Il paraît évident que, jusqu'à la dissolution du mariage, le véritable titre du père, et le seul qu'il puisse
avoir, dans l'hypothèse dont il est question, est celui
d'administrateur.... »

Et M. Berlier, dans l'Exposé des motifs, confirmait
ainsi la pensée du Tribunat : « Tout mineur n'est pas
nécessairement en tutelle; celui dont les père et mère
sont encore vivants trouve en eux des protecteurs naturels; et, s'il a quelques biens personnels, l'administration en appartient à son père.—La tutelle commence
au décès du père ou de la mère; car alors, en perdant
un de ses protecteurs naturels, le mineur réclame déjà
une protection plus spéciale de la loi. »

L'art. 389 ne veut donc pas dire autre chose que,
pendant le mariage, il n'y a point de tutelle, et que la

tutelle no commence qu'à la mort de l'un des deux conjoints.

Dans le cas d'administration paternelle, il n'y a donc
point d'hypothèque légale, parce qu'il n'y a point de tutelle, et parce que l'hypothèque est une garantie exceptionnelle qui ne saurait être arbitrairement étendue d'un
cas à un autre. L'hypothèque légale qui grève les biens
du tuteur existe du jour de l'acceptation de la tutelle : y
a-t-il, dans le cas d'administration légale, quelque chose
d'analogue? Le père fait-il acte d'acceptation? En aucune façon. — Tous ces arguments se trouvent très-
bien déduits dans les considérants d'un arrêt de rejet de
la Cour de cassation (chamb. civile), en date du 3 décembre 1821. (Dalloz, v° *Priv. et hyp.*, n° 1035.) Il est
vrai que M. Persil, qui tient pour l'hypothèque légale,
la fait courir du jour où les enfants commencent à avoir
des propriétés (*Rég. hyp.*, t. 1er, art. 2121, n° 36);
mais qui ne voit que ce point de départ est trop arbitraire pour être admis?

Comment, d'ailleurs, ainsi que le fait remarquer l'arrêt précité, supposer un subrogé-tuteur à côté du père
administrateur? Or, il faudrait un subrogé-tuteur qui,
si l'hypothèque légale existait, intervînt dans plusieurs
hypothèses énumérées aux articles 2137 et suivants.

Tous ces motifs suffisaient, je crois, pour faire repousser l'hypothèque légale, et il n'était pas besoin,
comme l'a fait Merlin (Répert., v° *Puiss. pat.*), d'invoquer les lois romaines, et notamment la loi 6, Cod. *de
bonis quæ liberis*, § 2, ainsi conçue : « *Non autem hypo-
thecam filiifamilias adversus res patris viventis adhuc,
seu jam mortui, sperare audeant...* » et qui refuse bien,

en effet, d'accorder hypothèque au fils sur les biens de
son père. Lisons la suite de la loi, et nous verrons qu'il
n'y a aucun argument à en tirer dans notre législation
actuelle : « .... *nec ratiocinia ei super administratione
inferre : sed tantummodo alienatione, vel hypotheca suo
nomine partibus denegata, rerum habeat parens plenissimam potestatem, uti fruique his rebus, quæ per filios
familias secundum prædictum modum adquiruntur, et
gubernatio rerum earum sit penitus impunita ; et nullo
modo audeat filiusfamilias, vel filia, vel deinceps personæ vetare eum, in cujus potestate sunt, easdem res
tenere, aut quomodo voluerit gubernare; vel si hoc fecerint, patria potestas in eos exercenda est : sed habeat
pater plenissimam potestatem uti frui, gubernareque res
prædicto modo acquisitas.* » Est-il possible, je le demande, de transporter dans notre droit des dispositions aussi exagérées sur la puissance paternelle, restes
des antiques principes de la *patria potestas* romaine ?
Évidemment non. Il y a un abîme entre cette *patria potestas* de Rome et notre autorité paternelle. Puiser des
inspirations et des arguments dans les règles romaines
relatives à la matière spéciale qui nous occupe, pour en
tirer des conclusions favorables au père, est donc une
chose dangereuse et dont il ne faut user qu'avec de
grands ménagements, car c'est risquer de se trouver en
contradiction avec l'esprit de la loi française.

(*Conf.* M. Demolombe, t. 6, n°ˢ 415 et suiv.; Marcadé, t. 2, p. 157; M. Paul Pont, *Privil. et hyp.*, t. 1ᵉʳ,
n° 493; Rejet, ch. civ., 3 décembre 1821 : Dall., *Rép.*
vᵒ *Privil. et hyp.*, n° 1035; Bordeaux, 10 avril 1845 :
Dall., *Recueil périodique*, 1845, 4, 10; Grenoble, 4 fév.

1850 : Dall., 1852, 2, 47 ; Riom, 30 août 1852 : Dall., 1854, 2, 227.)

Il n'y a pas lieu de nommer un subrogé-tuteur à l'enfant dont le père est administrateur légal. C'est un contrôle qui n'est nécessaire que dans la tutelle, et qu'on ne doit pas transporter ici, car la mère existant encore, c'est elle qui sera le plus à même de remplir volontairement le rôle qui, dans la tutelle, appartient au subrogé-tuteur. (Besançon, 23 nov. 1864 : Dall., 1864, 2, 195.)

Dans certains cas, pourtant, on devra nommer une personne chargée de prendre en main les intérêts de l'enfant contre le père, administrateur légal : ce sera dans les cas où celui-ci aurait des intérêts opposés à ceux du mineur. On nommera alors un tuteur *ad hoc*, chargé de représenter l'enfant dans l'affaire spéciale où il serait en contradiction d'intérêts avec son père.

Cette nomination d'un tuteur *ad hoc* n'a, du reste, rien d'insolite, puisque nous la retrouvons ordonnée par la loi dans plusieurs circonstances.

Quant au titre qu'il convient de donner à cette personne, que M. Duranton a proposé d'appeler *subrogé-tuteur ad hoc*, nous ferons remarquer, avec Marcadé et M. Demolombe, qu'il ne saurait y avoir de subrogé-tuteur là où il n'y a pas de tuteur, et que le nom de *tuteur ad hoc* est en effet le plus exact.

Si l'administration légale ne comporte pas la présence continuelle et permanente d'un subrogé-tuteur, elle ne comporte pas davantage celle d'un conseil de famille. De même que, dans certaines circonstances, il y aura lieu de nommer un tuteur *ad hoc*, de même il y aura

44444444444444

lieu de réunir un conseil de famille ; par exemple, pour qu'il soit appelé à donner son avis sur certains actes qui intéressent le patrimoine du mineur.

Nous devons nous demander aussi s'il faut appliquer à notre matière l'art. 444, d'après lequel sont exclus de la tutelle et destituables les gens d'une inconduite notoire, et ceux dont la gestion attesterait l'incapacité ou l'infidélité. Quelle que soit la puissance du père, quelque grande que soit son autorité, néanmoins on n'hésite pas à lui appliquer la règle de l'art. 444, faite pour le tuteur, en accordant toutefois aux tribunaux un pouvoir d'appréciation bien plus étendu.

En effet, ou le père, administrateur légal, est en même temps usufruitier, ce qui sera le cas le plus ordinaire, ou il ne l'est pas. S'il n'est pas usufruitier, nous n'avons rien à ajouter à ce que nous venons de dire. S'il est usufruitier, il a bien, en cette qualité, un droit propre sur les biens qu'il administre ; mais ce titre ne saurait, parce qu'il se trouve uni au titre d'administrateur légal, le dispenser et l'exempter des devoirs imposés par la loi à tout usufruitier. Commet-il des abus de jouissance, détériore-t-il les biens, pourquoi lui laisserait-on une gestion désastreuse pour le mineur ? — Si, maintenant, tout en gérant d'une manière utile au point de vue de la bonne administration des biens, il ne remplit pas les conditions sous lesquelles le législateur lui accorde son usufruit, par exemple : entretien, éducation du mineur, rien encore ne fait obstacle à ce que l'administration lui soit enlevée. Mais, quand l'administration lui est enlevée, comme, après tout, il conserve sa qualité d'usufruitier, il faut que le tiers à qui la gestion a été confiée lui remette l'excédant des revenus sur la dépense.

En appliquant au père, administrateur légal, l'art. 444 du titre de la Tutelle, nous ne faisons que transporter dans notre matière une sanction qui lui manque, et pour cela nous l'avons cherchée dans une matière qui offre avec la nôtre quelques traits d'analogie. Mais là, je pense, doit s'arrêter l'assimilation; et nous ne transporterons pas ici, en bloc, toutes les règles contenues dans le chapitre 2, section 7 : « *De l'incapacité, des exclusions et destitutions de la Tutelle.* »

Le droit du père, administrateur légal, dérive en effet de la puissance paternelle, de son autorité de chef de famille, bien supérieure au pouvoir du tuteur.

Toutefois les tribunaux, jugeant *ex æquo et bono*, pourront, par exemple, dispenser le père de ses fonctions d'administrateur, sur sa demande motivée par des raisons plausibles, telles qu'une infirmité grave et dûment justifiée. (M. Demol., t. 6, n° 430.)

Occupons-nous maintenant de l'administration en elle-même, c'est-à-dire des actes que peut ou ne peut pas faire le père, administrateur légal.

L'extrême concision de l'unique article qui traite de l'administration légale nous force à chercher ailleurs des analogies qui nous autorisent à appliquer les règles éparses dans le Code, et relatives aux pouvoirs des administrateurs.

Ainsi le titre de la Tutelle limite d'une manière scrupuleuse les pouvoirs du tuteur, il indique quels actes il peut faire, et quelles formes il doit suivre.

Et d'abord, les actes que le tuteur peut faire seul, le

11

père, administrateur légal, les peut faire également. Ce
sont les actes d'administration. Remarquons même que
le père, dont le pouvoir est plus étendu que celui du tuteur, puisqu'il se rapproche, en quelque sorte, du pouvoir du mari, n'est pas astreint aux obligations imposées spécialement au tuteur par les art. 451, 452 et 455.

Ainsi, l'art. 451 oblige le tuteur de faire inventaire :
le père y peut procéder, sans doute, mais aucune disposition ne le contraint à le faire; s'il le fait, il le fera,
comme tout mandataire, sans avoir à ses côtés un contradicteur, comme le tuteur qui a pour surveillant le
subrogé-tuteur. Ajoutons même qu'il sera dans son intérêt de faire procéder à un inventaire, car si la sanction
n'est pas, comme pour le tuteur, une déchéance des
créances qu'il aurait à faire valoir contre le mineur,
l'intérêt du moins consiste en ce qu'à défaut d'inventaire, le mineur peut prouver la consistance du mobilier de toute manière, même par commune renommée.
C'est même la sanction naturelle du défaut d'inventaire,
et nous la retrouvons édictée dans plusieurs articles du
titre du *Contrat de mariage* (art. 1415, 1442 et 1504).

Le tuteur, autre que le père ou la mère, doit faire
vendre dans un bref délai les meubles du mineur, en
présence du subrogé-tuteur, et avec certaines formes.
— Nous ne croyons pas que le père, administrateur
légal, soit obligé de se soumettre à ces formes ; il a un
pouvoir souverain d'appréciation ; il lui appartient de
décider si le mobilier du mineur doit être vendu en tout
ou en partie, et il est libre de choisir telle forme qui lui
paraîtra préférable. L'art. 452 du C. Nap., la loi du
24 mars 1806, et le décret du 25 septembre 1813, ne

sont pas applicables. Le pouvoir d'administration du père ressemble en quelque façon au pouvoir de libre administration accordé par la loi à la femme séparée de biens, laquelle peut parfaitement disposer de son mobilier (art. 1449).

Poursuivons et demandons-nous si l'on doit appliquer à l'administrateur légal les art. 455 et 456 qui mettent à la charge du tuteur, dans certains cas, les intérêts des sommes appartenant au mineur. Ces articles sont en dehors du droit commun. Aussi le père, administrateur légal, ne saurait être obligé de tenir compte des intérêts de toute somme dont il n'aurait pas fait emploi : tout ce qu'on peut faire, c'est de là soumettre à la responsabilité ordinaire incombant à tout administrateur qui a commis quelque faute de nature à le faire condamner à des dommages-intérêts.

Il ne peut donner à bail les biens du mineur que dans la limite imposée à tout administrateur, c'est-à-dire que pour neuf ans au plus. (Art. 1429, 1430, 1718.)

Il peut valablement toucher les capitaux dus à ses enfants mineurs et en donner quittance. Dès lors il ne peut être obligé de fournir hypothèque aux débiteurs qui font ce payement, pour les garantir du recours des enfants, ceux-ci n'ayant de recours à exercer que contre leur père. (Toulouse, 25 février 1845 : Dalloz, *Rec. périod.*, 1845, 4, 438.)

Le père étant, pendant le mariage, administrateur légal des biens personnels de ses enfants mineurs, il a été jugé qu'il représente ces derniers de plein droit, en cette qualité, dans les actions qu'ils ont à soutenir en justice, et qu'il suffit pour faire courir les délais d'appel, de lui signifier les jugements intervenus, sans qu'il y ait lieu de les signifier en outre et spécialement à un subrogé-tuteur, et cela, quand même un subrogé-tuteur aurait été indûment nommé dans le cours de l'administration légale ; qu'enfin, en cas pareil, si les intérêts des mineurs ont été compromis par une violation des formes légales ou par un concert frauduleux entre leurs représentants et les tiers, ils peuvent se pourvoir, suivant les circonstances, contre les jugements rendus, par voie de tierce-opposition ou requête civile. (Besançon, 29 novemb. 1804 : Dalloz, *Rec. périod.*, 1804, 2, 105.)

Il a été jugé que le père, administrateur légal, a qualité pour représenter son enfant mineur dans l'instance en nullité d'un testament fait au profit de celui-ci, si, nonobstant ce titre d'héritier, il conclut au maintien du testament, tant en son nom personnel qu'au nom de son enfant. (Cassat., rejet de la ch. civ., 5 juillet 1847 : Dall., *Rec. périod.*, 1848, 1, 148.)

Quoique, pendant le mariage, le père ait le titre d'administrateur légal et non celui de tuteur, cependant un arrêt de la Cour de cassation a décidé qu'il ne peut résulter aucune nullité de ce qu'il a été qualifié de tuteur dans une contrainte décernée par l'administration de l'enregistrement et dans l'instance qui a suivi, au lieu de l'être, comme il eût fallu, d'administrateur légal, alors surtout que cette prétendue nullité n'a point été opposée devant le tribunal. (Cass., rej. ch. civ., 18 novemb. 1851 : Dall. 51, 1, 305.)

Des différents actes que le tuteur peut avoir à faire dans le cours de la tutelle, il en est pour lesquels il doit obtenir l'autorisation du conseil de famille, d'autres pour lesquels il a besoin, outre l'autorisation du conseil, de l'homologation du tribunal. L'art. 467 exige même de plus, pour la transaction, l'avis de trois jurisconsultes désignés par le procureur impérial.

Ces règles sont-elles applicables à l'administrateur légal ?

Trois systèmes divisent les auteurs.

Dans un premier, on propose de débarrasser le père, administrateur légal, de toutes les formalités imposées par la loi au tuteur. Ainsi, ni réunion d'un conseil de famille ni homologation du tribunal. Le père pourrait faire seul, d'une manière absolue, tous les actes d'administration et de disposition qu'il lui plairait. (Zachariæ.)

Les partisans du second système admettent qu'il faut demander à la justice l'autorisation de faire les actes dont nous parlons, mais qu'il n'est pas nécessaire de convoquer un conseil de famille.

Enfin, d'après une troisième opinion, à laquelle nous nous rangeons, on assimile à ce point de vue le père, administrateur légal, au tuteur, et l'on exige l'avis du conseil de famille homologué par le tribunal.

Nous ne nous arrêterons pas à faire remarquer tout ce qu'a d'exagéré le premier système qui donne carte blanche au père. Est-ce que l'art. 389 ne le nomme pas *administrateur* ? Et cette qualité n'exclut-elle pas forcément le droit de faire des actes de disposition ?

Quant au second système, partagé, il est vrai, par des auteurs dont le nom fait autorité, Marcadé, Delvincourt, Dalloz, et sanctionné, selon le témoignage de M. Bertin (*Chambre du Conseil*, tom. 1er, v° *Mineurs*), par la jurisprudence du tribunal de la Seine, nous croyons qu'il

ne va pas assez loin, puisque, tout en admettant non
plus l'homologation, puisqu'il n'y a rien à homologuer,
mais l'autorisation du tribunal, il repousse la nécessité
de convoquer un conseil de famille. Il encourt, selon
nous, le reproche d'être arbitraire ; pourquoi appliquer
une partie seulement des règles de l'administration tuté-
laire, en négligeant les autres? Ou il fallait n'en appliquer
aucune, comme l'a fait le premier système, qui, du reste,
est plus logique, ou il faut les appliquer toutes, comme
le fait le troisième.

On dira, sans doute, pour le justifier, que le Tribunat
a voulu rendre le père, administrateur légal, indépendant d'un conseil de famille. Oui, je le reconnais, mais
c'est d'un conseil permanent, exerçant, comme celui qui
est placé auprès du tuteur, une surveillance incessante
sur sa gestion. Mais le Tribunat n'a pas voulu dire autre
chose ; il n'a en aucune façon voulu préjuger la question
de savoir si, dans tel cas déterminé, un conseil de
famille pourrait et devrait être appelé à l'effet de donner
son avis sur un acte du père, administrateur. Et voilà
pourquoi, précédemment, nous avons décidé qu'il ne
devait pas y avoir auprès de l'administrateur légal un
conseil permanent, mais que dans certaines circonstances il y aurait lieu de convoquer un conseil spécial,
de même que quelquefois on devrait nommer un tuteur
ad hoc.

Et puis n'est-ce pas, pour le tribunal appelé à statuer sur la demande du père, un élément précieux d'appréciation que l'avis, sincère et impartial, délibéré par
le conseil de famille? (*Conf.* trib. de Vitré, 30 juin

1841 : Dall., 1842, 3, 110. — *Contra*, Bourges, 11 février 1803 : Dall. 1804, 5, 305.)

Voyons quels sont les différents actes qui intéressent les mineurs et qui nécessitent les formalités dont nous parlons.

S'agit-il de la vente de leurs immeubles, nous avons un texte qui ne fait aucune distinction, et qui est aussi général que possible. Le titre VI du Code de Procédure (2ᵉ partie, liv. 2) est intitulé : « De la vente des biens immeubles appartenant à des mineurs, » et l'art. 953 est ainsi conçu : « La vente des immeubles appartenant à des mineurs ne pourra être ordonnée que d'après un avis de parents énonçant la nature des biens et leur valeur approximative. » Puis l'art. 954 ordonne que cet avis soit soumis à l'homologation du tribunal. Il s'agit bien ici de *mineurs* dans le sens le plus large, sans distinguer entre les mineurs en tutelle et ceux qui sont sous l'autorité de leur père, administrateur légal.

Il n'y a pas non plus de distinction établie entre ces deux sortes de mineurs dans l'art. 2126 C. Nap., d'après lequel les biens des *mineurs* ne peuvent être hypothéqués que pour les causes et dans les formes établies par la loi.

Lorsqu'une succession est échue à un mineur, l'art. 776 veut qu'elle ne puisse être valablement acceptée que conformément aux dispositions du titre *De la Minorité, de la Tutelle et de l'Émancipation*. On organise un ensemble de formes destinées à protéger le mineur contre l'acceptation irréfléchie de successions obérées ou douteuses. Y a-t-il donc quelque motif pour priver le mineur dont le père est administrateur légal, plutôt que le

mineur soumis à un tuteur, des formes protectrices
édictées par le législateur? Nous croyons donc que lorsqu'une succession sera échue à un mineur qui se trouve
dans ces conditions, il faudra, comme s'il était en tutelle, appeler le conseil de famille à délibérer sur la
question de savoir si on l'acceptera ou non ; et si le conseil est d'avis qu'elle puisse être acceptée, l'acceptation
n'aura lieu que sous bénéfice d'inventaire.

Lorsque le mineur, sous l'administration légale de
son père, sera intéressé dans un partage, quelle forme
devra-t-on suivre? Nous pensons qu'ici encore il faut
appliquer les règles écrites au titre de la Tutelle, et la
preuve, nous la trouvons dans la généralité des termes
de l'art. 838, ainsi conçu . « Si tous les cohéritiers ne
» sont pas présents, ou s'il y a parmi eux des interdits,
» ou des *mineurs même émancipés*, le partage doit être
» fait en justice, etc. » Le partage qui ne serait pas fait
dans ces formes ne serait, aux termes de l'art. 466,
considéré que comme provisionnel.

Le tuteur, suivant l'art. 465, ne peut provoquer un
partage sans l'autorisation du conseil de famille. J'en
dirai autant du père, administrateur légal.

La transaction ne peut être faite par le tuteur qu'a-
près y avoir été autorisé par le conseil, et de l'avis de
trois jurisconsultes désignés par le procureur impérial ; puis elle doit être homologuée par le tribunal
(art. 467). Nul doute que ce texte ne s'applique à l'administrateur légal. Mais, à part la raison d'analogie, il
y a un texte formel, c'est l'art. 2045 : « Pour transiger,
dit-il, il faut avoir la capacité de disposer des objets
compris dans la transaction... » Or, l'administrateur

légal n'a pas ce pouvoir. Si nous lui avons reconnu le droit de vendre les meubles, c'est que ce droit rentre dans sa qualité d'administrateur. Mais le droit de vendre n'emporte pas le droit de disposer de toute autre manière.

Quant à l'exercice des actions immobilières, ce n'est évidemment pas un acte d'administration. Pour s'en convaincre, il suffit de se reporter aux articles qui en traitent (464-465, 817-818, 1428) ; ni le tuteur pour ses pupilles ni le mari pour sa femme ne peuvent les exercer à leur place. Ce n'est pas là un droit qui rentre dans le mandat général et légal dont ils sont investis. A plus forte raison, en dirons-nous autant du père, administrateur légal, dont le titre même est exclusif d'un pareil pouvoir.

Aussi il a été jugé qu'il doit, comme au cas de tutelle, demander l'autorisation du conseil de famille, s'il veut intenter une action immobilière au nom de ses enfants mineurs. (*Conf.* trib. de Vitré, 30 juin 1841 ; Dall. : 1842, 3, 110.)

La faculté d'emprunter a été mise par le législateur sur la même ligne que celle de vendre et d'hypothéquer. (Art. 457.) Le tuteur doit, pour emprunter, avoir été autorisé par le conseil de famille, autorisation qui ne peut être accordée, dit la loi, que pour cause d'une nécessité absolue ou d'un avantage évident.

Puisque nous avons décidé que l'administrateur légal n'avait ni le droit d'aliéner des immeubles du mineur, ni le droit de les hypothéquer sans autorisation du conseil, nous imposerons cette même condition à l'administrateur légal qui voudra contracter un emprunt.

(*Conf.*, Cour de la Martinique, 13 août 1863 ; Rejet du pourvoi par la C. de cass. le 2 mai 1865 : Dall., 1865, 1, 365.)

Nous pouvons citer deux cas dans lesquels l'administrateur légal pourra, avec la seule autorisation du tribunal, sans avis préalable du conseil de famille, faire des actes qui exigeraient, de droit commun, cette double formalité.

1° Aux termes de la loi du 3 mai 1841 sur l'*Expropriation pour cause d'utilité publique* (art. 13), tous représentants des incapables peuvent, après autorisation du tribunal, donnée sur simple requête, en la Chambre du conseil, le ministère public entendu, consentir amiablement à l'aliénation des biens à exproprier.

2° Cette autorisation est également suffisante, suivant la loi récente du 21 juin 1865, *sur les Associations syndicales*, pour adhérer à ces associations. (Art. 4.)

Il nous reste à examiner si les actes que le tuteur ne peut pas faire, d'une manière absolue, sont également interdits à l'administrateur légal.

Et, d'abord, il n'y a pas de difficulté sur le point de savoir si l'administrateur légal peut faire une donation des biens de son enfant, ou compromettre sur les mêmes biens. La réponse ne doit pas être douteuse, et nous devons dire : non, sans hésiter.

Mais M. Aubry (*Revue de Droit français*, année 1844) est d'avis que le père, administrateur légal, peut acheter les biens de son enfant, à la condition de se les faire vendre par un tuteur *ad hoc*. Nous ne croyons pas, et nous avons pour nous l'autorité de M. Demolombe,

que ce subterfuge puisse l'emporter sur le texte formel
de l'art. 1596, conçu en ces termes : « Ne peuvent se
» rendre adjudicataires, sous peine de nullité, ni par
» eux-mêmes ni par personnes interposées : les tuteurs,
» des biens de ceux dont ils ont la tutelle ; les manda-
» taires, des biens qu'ils sont chargés de vendre ; les
» administrateurs, de ceux des communes ou des éta-
» blissements publics confiés à leurs soins... » Cette
règle, dit M. Demolombe, est très-sage, très-néces-
saire ; il ne convient jamais de mettre ainsi le mandataire entre son intérêt personnel et son devoir, et ce
motif existe dans toute sa force à l'égard du père,
administrateur légal. (Demol., t. 6, n° 441 ; *Conf.*
Dalloz, *Répert.*, v° *Puiss. pat.*, n° 83.)

Passant à un autre ordre d'idées, nous avons à
rechercher si nous pouvons appliquer au père, administrateur, les règles contenues dans les art. 469 et suivants, relatifs aux comptes de tutelle.

Il va de soi que l'administrateur légal doit, comme
tout mandataire, rendre compte de sa gestion. C'est
même une disposition formelle de l'art. 380.

Mais à quelle responsabilité est-il soumis ?

Il ne doit pas encourir la responsabilité que la loi attache aux actes du tuteur, et les règles à appliquer sont
celles du droit commun. Ainsi, sur le compte lui-même,
on appliquera sans hésiter les art. 471 et 473 (1). Mais

(1) Art. 471. — Le compte définitif de tutelle sera rendu aux dépens du
mineur, lorsqu'il aura atteint sa majorité ou obtenu son émancipation. Le
tuteur en avancera les frais. — On y allouera au tuteur toutes dépenses suf-
fisamment justifiées, et dont l'objet sera utile.
Art. 473. — Si le compte donne lieu à des contestations, elles seront pour-
suivies et jugées comme les autres contestations en matière civile.

les art. 472, 474 et 475 ne devront pas régir les rapports du père, administrateur légal, avec son enfant sorti de minorité. Ainsi la Cour de cassation vient de juger, par un arrêt récent, que l'art. 472 notamment ne s'applique pas au père, administrateur.

Prenons d'abord cet art. 472. Il déclare nul tout traité, passé entre le tuteur et l'ex-mineur, qui n'aura pas été précédé de la reddition du compte de tutelle, avec remise des pièces justificatives, le tout constaté par un récépissé de l'oyant-compte, dix jours au moins avant le traité. Le législateur redoute l'influence que le tuteur peut encore exercer sur son pupille, quoique celui-ci soit sorti de tutelle ; il croint que ce dernier ne consente, afin de se trouver le plus tôt possible en possession de sa fortune, à signer un traité onéreux pour lui. Il veut donc que son indépendance soit complète vis-à-vis de son tuteur. Tel est le but de la disposition écrite dans l'art. 472.

Mais en est-il de même en cas d'administration légale? Je ne le pense pas.

Lorsque les mineurs ont encore leur père et leur mère, les seuls biens qu'ils peuvent avoir proviennent ordinairement de donations ou de legs. La plupart du temps, ce seront des dispositions à titre particulier, qui porteront sur tel ou tel bien déterminé. Au contraire, le mineur en tutelle sera propriétaire d'une universalité, d'une fortune composée d'éléments fort divers; il y aura des immeubles, des valeurs mobilières de toute sorte, rentes, créances, valeurs de Bourse, etc. : de là un compte plus détaillé et souvent très-compliqué de la part du tuteur. La situation n'est donc plus la même. Aussi la dis-

position si rigoureuse, édictée par l'art. 472 contre le
tuteur ne se comprend-elle plus s'il s'agit du père, administrateur légal. Et nous devons la rejeter ici, avec
d'autant plus de raison, qu'on ne peut pas étendre une
nullité par analogie. (*Conf.* Agen, 11 mars 1854 : Dall.
Rec. périod., 1855, 2, 204.)

J'écarte également l'art. 474, conçu en ces termes :
« La somme à laquelle s'élèvera le reliquat dû par le
» tuteur portera intérêt, *sans demande*, à compter de la
» clôture du compte.—Les intérêts de ce qui sera dû au
» tuteur par le mineur ne courront que du jour de la
» *sommation* de payer qui aura suivi la clôture du
» compte. » Il contient, en effet, deux dérogations au
droit commun, la première en faisant courir de plein
droit les intérêts d'un capital ; la seconde en les faisant
courir par une simple sommation, tandis que d'après
les principes généraux il faudrait, dans la première hypothèse, une mise en demeure (art. 1006), et dans la
seconde, une demande en justice (art. 1153). — Ce sont
les articles 1153 et 1006, c'est-à-dire le droit commun,
que nous appliquerons dans le cas d'administration légale, et non l'art. 474, parce que ce dernier article,
contenant une exception, doit être restreint à l'hypothèse prévue par la loi.

Je repousse enfin l'application à notre matière de
l'art. 475, aux termes duquel toute action du mineur
contre son tuteur, relativement aux faits de la tutelle,
se prescrit par dix ans à compter de la majorité. Cette
disposition est encore une exception aux principes généraux du droit, puisque, d'après l'art. 2252, toutes les
actions doivent durer trente ans. Outre qu'une disposi-

tion exceptionnelle ne peut pas être étendue au delà de ses termes, il y a encore cette considération à faire valoir, suivant M. Demolombe, que l'administrateur légal étant dispensé des charges spéciales imposées au tuteur, par exemple l'hypothèque légale, il est juste de ne pas lui accorder les faveurs spéciales que le législateur a cru utile d'accorder au tuteur.

Nous avons à examiner maintenant si, dans une donation ou un testament contenant une libéralité au profit d'un mineur, le donateur ou testateur peut apposer cette condition que le père n'en aura pas l'administration.

En d'autres termes, cette condition doit-elle être réputée non écrite, comme illicite et contraire à l'ordre public, aux termes de l'art. 900, C. Nap.?

La question est l'objet d'une vive controverse, tant dans la doctrine que dans la jurisprudence.

Le droit d'administration légale, dit-on dans un premier système, est un attribut de la puissance paternelle organisée par le législateur. Enlever au père cette administration, c'est porter atteinte à sa puissance, c'est la diminuer, l'affaiblir ; et comme elle doit rester intacte, elle ne peut faire l'objet d'aucune convention ou renonciation : la condition dont nous parlons est donc contraire à la loi et à l'ordre public. Comme telle, elle est nulle et doit être réputée non écrite, suivant l'art. 900. (Marcadé, tome 2, n° 152 ; Besançon, 15 nov. 1807 ; Caen, 11 août 1825 ; Bruxelles, 5 mai 1831 : Dall., *Répert.*, v° *Dispositions entre vifs et test.*, n° 122 ; Rouen, 20 mai 1845 : Dall., 1846, 2, 148.)

Je n'adopte pas cette doctrine, et je me rallie à un second système, moins absolu, qui no regarde pas nécessairement comme nulle la condition imposée par le donateur ou le testateur. Une pareille condition devra, dans certains cas, être déclarée nulle, et, dans d'autres, être maintenue comme licite.

En effet, la loi a-t-elle énuméré quelque part les clauses que l'on devra considérer comme illicites, contraires à l'ordre public ou aux bonnes mœurs? Non. Il est vrai que l'art. 1388, au titre du Contrat de Mariage, défend aux époux de «déroger aux droits résultant de la puissance maritale sur la personne de la femme et des enfants, ou qui appartiennent au mari comme chef, et aux droits conférés au survivant des époux par le titre de la Puissance Paternelle, et par le titre de la Minorité, de la Tutelle et de l'Émancipation.» Ainsi, il est clair que, dans un contrat de mariage, on no pourra pas stipuler que le père n'aura pas l'administration légale des biens de ses enfants.

Mais, de ce qu'une pareille convention est prohibée dans le contrat de mariage, en résulte-t-il qu'elle soit prohibée d'une manière absolue, et que, par exemple, le bienfaiteur des enfants ne pourra pas en faire la condition de sa libéralité?

Je ne le pense pas. Puisque la loi, je le répète, n'a pas indiqué, dans l'art. 900, quelles étaient les conditions illicites ou contraires à l'ordre public, c'est qu'elle a entendu en laisser l'appréciation aux tribunaux. Le juge décidera donc, en fait, si dans telle circonstance donnée, telle condition est illicite.

Prenons quelques exemples :

1° Il est généralement admis qu'en principe la condition de ne pas se marier, imposée à un légataire ou à un donataire, est nulle comme contraire à l'ordre public. Cependant la Cour d'appel de La Haye a jugé, et avec raison, ce me semble, que dans une espèce particulière cette condition était valable. Un legs avait été fait sous cette condition à une célibataire âgée de cinquante-deux ans; elle se maria. La Cour la déclara déchue de son legs : « Attendu, dit-elle dans ses considérants, que le Code civil ne déterminant pas quelles sont les conditions contraires aux mœurs, le caractère dépend dans chaque espèce de la nature et des circonstances de . la cause; — Attendu que si, dans certains cas, une condition comme celle en question peut être contraire aux bonnes mœurs, il n'en saurait être ainsi dans l'espèce, surtout eu égard à l'âge de l'appelante; — met l'appel au néant, etc. » (La Haye, 28 février 1810 : Dall., *Répert.*, v° *Disp. entre vifs et test.*, n° 146. Voir également les considérants d'un arrêt de la Cour de Paris, du 1er avril 1862, qui statue dans le même sens, malgré les conclusions contraires de M. l'avocat général Sapey : Dall. *Rec. périod.* 1862, 2, 77.)

2° Merlin (*Répert.*, v° *Puiss. pat.*, p. 400 suiv.) cite un arrêt du 9 février 1704 qui déclare nulle la condition imposée par un testateur, que le père de l'enfant légataire ne pourrait gérer les biens qu'avec l'assistance de deux conseils désignés par le testament. Sans doute; mais pourquoi? C'est que, dans l'espèce, le testateur, au lieu de se borner à dire qu'un tiers administrerait les biens légués, avait conservé l'administration au père, mais en lui adjoignant deux conseils, ce qui mettait réellement le père lui-même en tutelle.

Je ferai la même observation à propos de l'arrêt de Caen, cité plus haut, du 11 août 1825; cet arrêt annule la condition qu'il serait nommé pour la gestion un tuteur spécial. La testatrice avait le droit de nommer elle-même un administrateur, mais elle n'avait pas le droit de dire : « Je veux qu'un conseil de famille se réunisse, et qu'il élise un tuteur spécial. » — L'arrêt a donc bien fait d'annuler cette clause du testament.

Ce que nous venons de dire doit suffire pour montrer qu'aux tribunaux appartient le pouvoir d'apprécier si la condition qui enlève au père l'administration est nulle ou valable.

Nous avons constaté précédemment combien était rigoureuse la législation romaine en matière de puissance paternelle, et tout en admettant que les biens de l'administrateur n'étaient pas grevés d'une hypothèque légale, nous nous sommes décidé par d'autres motifs que ceux tirés de la loi 6, Cod. *De bonis quæ liberis*, en faisant remarquer que dans cette question, un argument *à pari* tiré de cette loi était dangereux (*supra*, p. 158). Mais c'est une raison de décider, au contraire, que, dans la question qui nous occupe actuellement, et où il s'agit de restreindre les droits du père, administrateur légal, les arguments *à pari* ou *à fortiori* ont d'autant plus de valeur. Eh bien! nous trouvons un semblable argument dans la Novelle 117 (chap. 1er), aux termes de laquelle les parents et même les étrangers peuvent faire des libéralités aux enfants sous la condition que leur père n'aura ni l'usufruit, *ni aucun autre droit :* « ..... *sub hac definitione atque conditione, si voluerint ut pater aut qui omnino eos habent in potestate, in his rebus neque usumfructum,*

12

neque quodlibet penitus habeant participium. » En effet, ajoute Justinien, on eût pu faire ces libéralités au profit d'autres personnes, en sorte que le père n'aurait toujours eu aucun émolument. « *Hæc enim, et extraneis relinquere poterant, unde nulla parentibus utilitas nasceretur.* »

Cette dernière considération ne manque pas de force, mais on peut en ajouter d'autres également puissantes. Marcadé, en faveur du système opposé, indiquait comme remède contre l'inconduite, la mauvaise gestion et la dissipation du père, l'art. 444, qui permet à la justice d'enlever au père-tuteur l'administration, et de le destituer pour inconduite notoire, pour infidélité ou incapacité. Sans doute, on pourrait appliquer au père, administrateur légal, le moyen extrême que consacre l'art. 444 contre le tuteur, mais, ainsi que le fait remarquer avec beaucoup de justesse M. Demolombe, « ce remède ne viendra-t-il pas souvent trop tard ? Combien d'hommes à qui on ne pourrait pas confier des valeurs mobilières, des capitaux, sans la plus haute imprudence, et auxquels pourtant il n'y a encore à reprocher aucun fait précis et caractérisé ! » Repoussez le moyen préventif qu'offre au testateur notre système, et vous empêcherez des libéralités qu'il n'osera pas faire, en présence de la perte probable que lui fera craindre la mauvaise gestion du père. (*Conf.* Rennes, 9 février 1828 ; Bruxelles, 17 juin 1830 ; Nîmes, 20 décembre 1837 : Dall. *Répert.*, v° *Dispos. entre vifs et test.*, n° 122 ; Paris, 5 décembre 1854 : Dall., *Périod.* 1855, 5, 103; Besançon, 4 juillet 1864 : Dall., 64, 2, 165. Voir surtout les considérants de l'arrêt de Nîmes précité.)

L'émancipation de l'enfant, auquel a été fai n legs ou une donation à la condition que l'administration serait exercée par une autre personne que le père, fait-elle cesser les fonctions de ce tiers ?

Je le crois, mais à la condition que l'émancipation n'aura pas été faite par le père, prématurément, et dans le but évident de faire cesser l'administration confiée à cette tierce personne.

En un mot, j'en fais une question de fait. Le tribunal appréciera si l'émancipation est sincère ou frauduleuse; il devra également tenir compte de l'intention du testateur ou donateur, et prendre en considération tous ces éléments de la cause.

Ainsi, l'émancipation ne mettra pas nécessairement fin aux pouvoirs du tiers administrateur. Et réciproquement, elle ne les laissera pas nécessairement intacts. Deux arrêts ont jugé en sens contraire l'un de l'autre, et tous deux peuvent également se justifier, puisque avant tout il s'agit là d'une question d'appréciation. (Caen, 5 avril 1843 : Dall., *Répert.*, v° *Puiss. pat.*, n° 87 ; Dijon, 23 août 1855.— *Conf.* M. Demol., t. 6, n° 458 bis.)

Le mineur émancipé, en faveur duquel sera prononcée la cessation des fonctions du tiers administrateur, jouira par lui-même, avec l'assistance de son curateur, des biens qui font l'objet de la libéralité, en se conformant, du reste, aux règles édictées par les art. 481 et suiv., C. Nap.

L'administration légale est un accessoire de la puissance paternelle : elle ne lui survit donc pas. Aussi les causes qui mettent fin à la puissance paternelle font-elles en même temps cesser l'administration légale du père ; par exemple, la majorité de l'enfant, son émancipation, soit ordinaire, soit par mariage, la déchéance prononcée par l'art. 335 du Code pénal contre le père ou la mère coupable du délit d'excitation à la débauche, l'interdiction légale qui suspend, pendant la durée de la peine, l'exercice de la puissance paternelle.

Mais rappelons-nous aussi qu'il ne peut être question d'administration légale que durant le mariage des père et mère de l'enfant. Il en résulte donc que si l'administration légale ne peut pas survivre à la puissance paternelle, la puissance paternelle peut survivre à l'administration légale. Après la dissolution du mariage, arrivée par la mort du père ou de la mère, le survivant conserve bien la puissance paternelle, mais il n'y a plus d'administration légale.

Est-ce à dire que les biens de l'enfant mineur vont rester sans gestion? En aucune façon, car la mort, qui met fin à l'administration légale, ouvre la tutelle, et le tuteur administrera les biens de l'enfant, qui se sont augmentés de la succession du défunt.

Si c'est la mère qui est prédécédée, la gestion ne changera pas de mains, car le père est nécessairement tuteur ; mais il gérera dès lors comme tuteur ; il aura un surveillant dans le subrogé-tuteur et dans le conseil de famille, non plus accidentel, mais permanent ; ses biens seront grevés d'une hypothèque légale ; en un mot, nous sommes dans la tutelle, et nous devons suivre dès lors toutes ses règles.

Et puis, le survivant des père et mère conserve l'usufruit légal, et, en cette qualité d'usufruitier, il a le droit d'administrer.

Pourtant, il faut bien supposer le cas où il ne serait ni usufruitier légal (ce qui est possible, ainsi que nous le verrons au chapitre suivant), ni tuteur, soit par suite de destitution ou d'exclusion si c'est le père, soit par suite de refus si c'est la mère.

Dans ces circonstances, ce ne sera plus le survivant des père et mère qui gérera les biens de l'enfant, ce sera le tuteur qui lui sera nommé. C'est à lui, en effet, que l'art. 450 donne l'administration. Et, d'autre part, le survivant des père et mère ne saurait y prétendre, puisqu'il ne peut en être question que pendant le mariage, et que le mariage est dissous.

En principe, la mère ne sera donc jamais appelée à l'administration légale.

Elle n'y sera appelée que si le mari est absent ou interdit ; et encore, dans le cas d'interdiction, faut-il pour cela qu'elle soit tutrice de son mari ; car si la tutelle est donnée à une autre personne, ce sera le tuteur du mari qui gérera les biens de l'enfant, au nom du mari, resté usufruitier légal malgré son état d'interdiction.

Si nous supposons que le père et la mère sont tous deux dans l'impossibilité d'exercer l'administration légale, que déciderons-nous? Faudra-t-il nommer un tuteur? Non, puisque la tutelle ne s'ouvre qu'à la mort de l'un des père et mère. Tout ce que l'on peut faire, c'est de provoquer la nomination, par le tribunal, d'une personne chargée de gérer les biens du mineur; mais cet administrateur ne sera pas un tuteur, ni ses fonctions une tutelle. Ce n'est pas là une pure question de mots, car de ce qu'il n'y a ni tuteur ni tutelle, on laissera à l'écart les règles édictées par le Code au titre de la Minorité, de la Tutelle et de l'Émancipation, et les différentes autres règles éparses dans le Code ou dans le reste de la législation sur les pouvoirs du tuteur. Ce sera un simple administrateur qui devra se renfermer strictement dans les limites du mandat qui lui sera conféré par la justice, et qui devra cesser ses fonctions aussitôt que cessera la cause qui les lui aura fait conférer.

Sur le point de savoir si l'art. 389, relatif à l'administration légale, est applicable aux enfants naturels légalement reconnus, voir la section 6° du chapitre suivant.

CHAPITRE II.

DE L'USUFRUIT LÉGAL.

Au point où nous en sommes arrivé, nous pouvons nous rendre compte des origines de l'institution connue sous le nom d'usufruit paternel ou légal. Nous avons vu, en effet, ce qu'avait été, dans le droit romain, le pécule adventice, quels droits avait le père sur les biens qui composaient ce pécule, et quelle durée la loi leur donnait; nous savons que le père avait la jouissance des biens adventices, jouissance qui durait autant que durait alors la puissance paternelle, c'est-à-dire toute la vie du père; que ce droit, accessoire de la puissance paternelle, ne pouvait appartenir à la mère, à laquelle était refusée cotto puissance. Étudiant ensuite les effets, quant aux biens, de la puissance paternelle, dans notre ancien droit féodal et coutumier, nous nous sommes arrêté sur le droit de bail et de garde noble et bourgeoise ; nous avons vu à qui appartenait ce droit, nous avons constaté les divergences qui existaient entre les diverses Coutumes sur la délation de la garde, sur l'étendue du droit du gardien et sur les charges qui lui incombaient. Le pécule adventice et la garde noble et bourgeoise, telles sont les deux institutions qui ont donné naissance à notre usufruit légal. Nous verrons que les rédacteurs du Code Napoléon ont combiné les principes de l'une et de l'autre, ont pris tantôt ceux de l'institution romaine, tantôt ceux de notre ancien droit, pour en faire l'institution nouvelle de l'usufruit légal, que nous allons étudier.

Nous diviserons la matière en six sections.

Dans une 1re section, nous examinerons quel est le caractère de l'usufruit légal, quelle en est l'étendue, et à quelles personnes il appartient ;

Dans une 2e section, sur quels biens il porte ;

Dans une 3e, quelles en sont les charges ;

Dans une 4e, comment il prend fin ;

Dans une 5e, quelle est l'étendue de ce droit par rapport aux créanciers, et quelles actions leur compètent ;

Enfin, une 6e section sera consacrée à l'application de notre matière aux enfants naturels légalement reconnus.

SECTION PREMIÈRE

Caractère et étendue de l'usufruit légal. — A quelles personnes appartient-il ?

Les rédacteurs du Code ont trouvé le principe de l'usufruit légal dans la jouissance que le droit romain donnait au père sur les biens adventices de son fils, et dans celle que nos Coutumes accordaient au survivant des père et mère, gardien noble de ses enfants mineurs. Mais notre usufruit légal diffère de la jouissance donnée au père par la loi romaine en ce que, dans le droit romain, la mère n'y était jamais appelée, tandis que, d'après le Code Napoléon, elle peut, aussi bien que le père, avoir cet émolument; la raison de cette différence en est que le père seul, à Rome, avait la puissance paternelle, tandis que notre législation la donne aussi à la mère. Maintenant, notre usufruit légal diffère de la jouissance accordée au gardien noble par nos Coutumes, en ce que cette jouissance n'avait lieu qu'après le décès de l'un des conjoints, tandis que l'usufruit légal s'exerce même durant le mariage.

On peut le considérer comme un équivalent, un dédommagement attribué par la loi à celui qui exerce la puissance paternelle, en retour des charges qui lui sont imposées, et des devoirs d'éducation et d'entretien dont il est tenu.

Cette attribution des revenus de l'enfant à celui de ses auteurs qui exerce l'autorité paternelle, offre un avantage incontestable, c'est de prévenir un compte

long et compliqué entre le père ou la mère et l'enfant.
Dans tous les cas, les revenus sont destinés à être dépensés, et ils le sont, en effet, dans l'intérêt commun ;
et si des économies sont faites, l'enfant les retrouve plus
tard dans la succession de ses auteurs. (M. Demol, t. 6,
n° 479.)

Aujourd'hui, avons-nous dit, la mère peut être appelée à l'usufruit légal (art. 384). « En prononçant dans cet
» article, disait M. Réal devant le Corps législatif, que
» la mère jouit dans cette circonstance des droits qu'il
» accorde au père, le législateur établit un droit égal,
» une égale indemnité, là où la nature avait établi une
» égalité de peines, de soins et d'affections ; il répare,
» par cette équitable disposition, l'injustice de plusieurs
» siècles; il fait, pour ainsi dire, entrer pour la première
» fois la mère dans la famille, et la rétablit dans les
» droits imprescriptibles qu'elle tenait de la nature,
» droits sacrés, trop méprisés par les législations an-
» ciennes, reconnus, accueillis par quelques-unes de
» nos Coutumes, et notamment par celle de Paris, mais
» qui, effacés dans nos codes, auraient dû se retrouver
» écrits en caractères ineffaçables dans le cœur de tous
» les enfants bien nés. » (Séance du 23 ventôse an XI.)

De là l'art. 384, ainsi conçu : « *Le père, durant le
mariage, et, après la dissolution du mariage, le survivant des père et mère, auront la jouissance des biens de
leurs enfants, jusqu'à l'âge de dix-huit ans accomplis,
ou jusqu'à l'émancipation qui pourrait avoir lieu avant
l'âge de dix-huit ans.* »

Ainsi, aux termes de cet article, tant que dure le mariage, c'est au père qu'appartient l'usufruit légal. Après

le décès de l'un des deux conjoints, il appartient au survivant.

Si le survivant n'est pas tuteur de ses enfants, il n'en a pas moins l'usufruit légal, parce que c'est un droit attaché à la puissance paternelle dont il est l'un des attributs, et indépendant, par conséquent, de la tutelle.

Ce droit n'appartient qu'aux ascendants du premier degré, c'est-à-dire au père ou à la mère, et non aux ascendants d'un degré plus éloigné, aïeuls ou bisaïeuls. C'est une différence avec la garde noble, dont nous avons traité précédemment, et qui, dans certaines Coutumes, était attribuée aussi aux ascendants autres que le père ou la mère, et même, dans quelques-unes, aux collatéraux.

De ce que la jouissance légale est un attribut de la puissance paternelle, faut-il dire qu'elle appartiendra toujours et seulement à celui qui en a l'exercice? Supposons que, pendant le mariage, le père soit interdit, absent, dans l'impossibilité d'exercer l'autorité paternelle, ou encore qu'il soit déchu de cette autorité par application de l'art. 335 du Code pénal (pour un cas d'attentat aux mœurs prévu par l'art. 334), eh bien! dans cette hypothèse, sera-ce la mère qui aura la jouissance légale?

Oui, dit Marcadé. — Son système consiste à dire : L'art. 373 dispose que « *le père seul* exerce l'autorité » durant le mariage; » l'art. 389 dit que « *le père* est, » durant le mariage, administrateur des biens. » Le texte de ces articles ne parle donc que du père; et, cependant, tout le monde est d'accord pour reconnaître que, dans certains cas exceptionnels, la mère aura, même pendant le mariage, l'autorité et l'administration. Pourquoi, dès lors, n'en pas dire autant à propos de notre art. 384? Pourquoi avoir deux poids et deux mesures, et refuser ici à la mère un émolument, parce que l'article ne parle que du père ? Et cela, alors que la jouissance légale est une compensation des peines et des soins qu'entraînent l'éducation de l'enfant et l'administration de ses biens. Il faut donc, suivant Marcadé, pour être logique, dire que lorsque le père, pendant le mariage, sera, soit par son interdiction, soit par absence, ou par toute autre cause, dans l'impossibilité d'exercer l'autorité paternelle, la mère exercera cette autorité, et aura, comme dédommagement, l'usufruit légal. Il en fait l'application à l'art. 141, Code Nap., qui donne à la mère, lorsque le père a disparu, la surveillance des enfants mineurs et l'exercice de tous les droits du mari, *quant à leur éducation et à l'administration de leurs biens;* Marcadé ajoute qu'elle aura, quoique l'article n'en dise rien, l'usufruit légal.

Toute son argumentation repose donc sur cette idée que le droit d'éducation et d'administration d'une part, et le droit d'usufruit d'autre part, sont la conséquence l'un de l'autre. C'est la contre-partie de la maxime : *Ubi emolumentum, ibi onus esse debet.*

Sans doute, il paraît équitable d'attribuer l'usufruit légal à celui qui exerce l'autorité paternelle, à celui qui est chargé d'élever les enfants mineurs et d'administrer leurs biens; mais, malgré cela, je ne crois pas que cette doctrine soit la plus conforme à l'esprit et au texte de la loi.

Je laisse de côté les arguments qu'on serait tenté de

tirer du texte et du silence du législateur à l'égard de la
mère. Je reconnais que, bien que dans les art. 373 et
389 du Code Nap. il ne soit question que du père,
cependant la mère peut, dans quelques hypothèses,
avoir l'autorité paternelle et l'administration. Dès lors,
on ne peut pas dire que si la mère n'a pas l'usufruit
légal dans les cas dont nous parlions tout à l'heure, c'est
parce que l'art. 384 la passe sous silence. Nous arrivons à ce résultat par d'autres raisons.

D'abord, distinguons bien deux hypothèses différentes : ou bien le père n'a plus l'exercice de la puissance paternelle, parce qu'il est interdit ou absent, ou
dans l'impossibilité physique de l'exercer ; ou bien il en
est déchu, par application de l'art. 335 du Code pénal,
pour attentat aux mœurs.

Dans la première hypothèse, l'usufruit légal continue
toujours d'appartenir au père. La mère exerce une fonction provisoire, intérimaire, à la place du père et au nom
de ce dernier. C'est donc pour lui qu'elle exerce la puissance paternelle, mais c'est toujours en lui que cette
puissance réside ; en sorte que s'il vient à être relevé de
son interdiction, ou, d'une manière générale, si la cause
qui l'empêchait d'exercer lui-même ses droits vient à
cesser, il en reprendra l'exercice. Quant à la jouissance
légale, elle lui appartient toujours, elle ne change pas de
tête, et c'est bien ainsi que l'entend le législateur, puisque, dans l'art. 141, au titre de *l'Absence*, il fait l'application de cette idée en donnant à la femme la surveillance,
l'éducation des enfants et l'administration de leurs biens,
mais en ne lui donnant pas la jouissance légale, parce

que cette jouissance continue d'appartenir au père lui-même.

Dira-t-on qu'il y a contradiction à attribuer à la mère l'éducation et l'administration, sans lui attribuer en même temps l'usufruit légal ?

La contradiction n'est qu'apparente : car il y a une grande différence entre ces deux attributions. On peut parfaitement, et sans blesser un droit, donner à la mère l'éducation et l'administration. Mais la jouissance légale ! C'est là un émolument qui ne doit appartenir pendant le mariage qu'au père, tant qu'une disposition pénale ne viendra pas l'en priver. Or, l'interdiction, l'absence, ce sont là deux états qui peuvent bien, en fait, modifier sa situation et l'empêcher d'exercer activement des droits qui ne peuvent l'être que par un individu présent et doué de sa raison. Mais en est-il de même de l'usufruit légal ? En quoi l'interdiction pourrait-elle empêcher le père de profiter de cet usufruit ?

Objectera-t-on que la mère, chargée de l'éducation et de l'administration, doit nécessairement avoir en compensation la jouissance légale ? D'abord, c'est un dédommagement que le législateur a bien pu affecter normalement, et pour les cas ordinaires, à la charge de l'éducation et de l'administration ; mais rien ne démontre qu'il en doive être nécessairement et toujours ainsi. La preuve du contraire résulte même de notre article 384, qui fait cesser l'usufruit légal à l'âge de dix-huit ans ou à l'émancipation de l'enfant, alors que cependant les charges dont nous parlons subsistent encore. De même il est permis à un testateur ou donateur de faire une libéralité à l'enfant, sous la condition que les biens donnés ou légués ne seront pas grevés de l'usufruit légal.

Et puis, d'ailleurs, la plupart du temps, la femme profitera elle-même de l'usufruit que nous laissons au père. Le régime de communauté est le droit commun. Sous ce régime, les revenus des biens de l'enfant tombent en communauté, et la mère, par conséquent, aura un émolument égal à celui du père. (*Conf.* M. Demol., t. 6, n° 483.)

Passons maintenant à la seconde hypothèse, c'est-à-dire celle où le père est déchu de la puissance paternelle, par application de l'art. 335 du Code Pénal.

Dans ce cas, il est bien certain que l'usufruit légal ne peut plus continuer d'appartenir au père. Mais passera-t-il sur la tête de la mère ? Pas davantage. Il est éteint au profit des enfants, il se réunit à leur nue-propriété, pour ne renaître au profit de la mère que si le père vient à décéder avant les dix-huit ans ou l'émancipation des enfants. Le motif qui me touche le plus, pour arriver à cette décision, et je crois qu'il est incontestable, c'est le suivant : le législateur du Code pénal, en édictant l'art. 335, n'a sans doute pas voulu que sa sanction fût illusoire ; or, elle le serait si la jouissance légale dont le père est privé passait à la mère. Supposons-nous le régime de communauté entre les époux ? Dans ce cas, comme nous l'avons dit plus haut, les revenus des enfants, qui seraient perçus par la mère, devraient tomber en communauté, et le père, par conséquent, en profiterait, tout comme si la déchéance n'était pas prononcée contre lui. Supposons-nous les époux mariés sous un autre régime ? Mais le résultat, en fait, sera toujours le même. En fait, c'est toujours le mari qui perçoit les revenus de la femme. En fait, les revenus des deux époux, quel que soit le régime adopté, sont toujours dépensés en commun. Quelle efficacité aurait donc, avec une telle doctrine, la déchéance dont la loi frappe le mari ? (*Conf.* M. Demolombe, tom. 6, n° 484 ; M. Valette, *sur* Proudhon, tom. 2, page 202 ; Dalloz, *Répert.*, v° *Puiss. paternelle*, n° 94.)

Ce que nous avons dit plus haut pour justifier la solution à laquelle nous nous sommes arrêté pour le cas où le mari est interdit (*supra*, pages 188 et suiv.), démontre que l'interdiction n'est pas un obstacle à ce que l'usufruit légal appartienne à la personne interdite. C'est un émolument dont l'interdit peut profiter malgré son état d'interdiction. Aussi on peut bien le déclarer incapable d'exercer l'autorité paternelle, de présider à l'éducation de ses enfants, de veiller à leur entretien, d'administrer leurs biens ; mais là s'arrête son incapacité. Elle ne va pas jusqu'à le faire déclarer déchu de la jouissance légale, alors qu'aucun texte ne prononce une pareille déchéance.

La jouissance légale est un droit de statut personnel, qui ne peut, par conséquent, être réclamé par des père et mère étrangers sur les immeubles de leur enfant, situés en France. Il est vrai que, malgré leur qualité d'étrangers, ils peuvent, en France, exercer les droits conférés aux père et mère par les articles 375 à 383 du Code Nap., qui organisent le pouvoir de correction ; mais c'est pour une raison d'un tout autre ordre. Ces articles, en effet, peuvent être considérés comme contenant des règles de police et de sûreté, et, aux termes de l'art. 3 Cod. Nap., « les lois de police et de sûreté

» obligent tous ceux qui habitent le territoire. » Mais il n'en est pas de même de l'usufruit légal, qui ne présente aucun de ces caractères. (*Conf.* M. Demolombe, tom. 6, n° 486 ; Dalloz, *Répert. de Législ.*, v° *Puissance paternelle*, n° 96.)

L'usufruit légal est déféré par la loi, de plein droit, sans qu'il soit besoin d'acceptation, soit judiciaire, soit extrajudiciaire. C'était le droit commun des Coutumes à l'égard de la garde noble (*supra*, page 110).

Peut-on, au moment de l'ouverture de la jouissance légale, y renoncer ? Je le crois, et aucun texte ne s'y oppose. Si l'on fait cette renonciation, avant toute immixtion dans les biens grevés de l'usufruit légal, ses effets sont absolus, mais si elle n'a lieu que postérieurement, elle ne produit d'effet que pour l'avenir : c'est ce que nous verrons dans l'une des sections suivantes. (V. sect. 4', 8°.)

Quant à la forme de la renonciation, la loi est muette. Nous dirons seulement qu'il faut se mettre en mesure de prouver qu'on l'a faite, et à quel moment on l'a faite ; or, le moyen qui semble le meilleur à M. Demolombe, c'est, en cas de dissolution du mariage, de la notifier par huissier au tuteur, si l'usufruitier ne l'est pas lui-même, ou, s'il l'est, au subrogé-tuteur.

Pothier (*Traité de la Garde noble et bourg.*, n° 45) permettait aux futurs époux de renoncer à la garde noble par contrat de mariage, par ce motif « que les contrats de mariage étaient susceptibles de toutes conventions. » (V. *supra*, page 109). En faut-il dire autant aujourd'hui à l'égard de l'usufruit légal ?

Oui, dit-on dans un premier système, parce qu'il n'y

a, dans une pareille renonciation, rien de contraire à l'ordre public. Elle est piutôt avantageuse aux enfants en ce qu'elle dégrève leurs biens, et l'avantage des mineurs est vu avec faveur par le législateur.

Je n'accepte pas cette doctrine. Comment, en effet, la concilier avec l'art. 1388 Cod. Nap., qui défend aux futurs époux de déroger aux droits qui appartiennent au mari comme chef, ou aux droits conférés au *survivant* des époux par le titre de la *Puissance paternelle?* C'est formel. Le législateur voit donc dans le droit de jouissance légale un droit qui touche à l'ordre public. Et s'il défend d'y renoncer, en tant qu'il est conféré au survivant, comment croire qu'il aurait permis d'y renoncer, en tant qu'il est conféré au père, pendant le mariage? S'il restait quelque doute dans l'esprit, ce doute s'effacerait devant les paroles prononcées par M. Treilhard dans la discussion de l'art. 1388 : « Cet article, disait-il, » ne parle de la puissance paternelle que pour défendre » les stipulations qui priveraient le père de son pouvoir » sur la personne de ses enfants et de *l'usufruit de leurs* » *biens.* » L'expression ne saurait être plus générale et plus absolue.

La loi défend de renoncer à une succession future, même dans un contrat de mariage (art. 791). A part la raison de convenance, l'une de celles qui ont fait édicter cette prohibition, i' y a encore cette autre, que l'on ne peut à l'avance savoir quelle sera la valeur de la succession; y renoncer dans ces conditions, c'est s'engager en aveugle : c'est ce que la loi n'a pas voulu. Eh bien! le motif est le même dans notre question : on ne sait à quoi l'on s'engage en renonçant d'avance à l'u-

sufruit légal des biens do ses enfants. Cette renonciation
doit être prohibée.

Pothier, qui permettait ces renonciations, parce que
toutes conventions étaient *alors* permises dans les contrats de mariage, serait aujourd'hui de l'avis que nous
soutenons. (*En ce sens* : Marcadé, tom. 5, sur l'art. 1388,
n° 7.)

La promulgation du Code a fait naître plusieurs questions de rétroactivité au sujet de l'usufruit légal. Il a
été jugé notamment que les restrictions et modifications
apportées par le Code civil au droit d'usufruit attribué
au père sur les biens de son fils peuvent, sans effet rétroactif, être appliquées dans le cas même où le père
se trouverait déjà en possession de cet usufruit, lors de
la promulgation du Code. (Turin, 7 fructidor an XII, et
1er fruct. an XIII : Dall., *Répert. de Législ.*, v° *Lois*,
n° 237.)

Réciproquement, si, avant le Code, le père ou la mère
gérait comme tuteur et devait compte des fruits et revenus, l'usufruit légal s'ouvre à son profit par la promulgation du Code. (Paris, 3 germinal an XII ; Amiens,
20 août 1817, et sur pourvoi, rejet de la Chambre des
Requêtes, 11 mai 1819 : Dall., *ibid.*, n° 238.)

Il faut rechercher maintenant quel est le caractère
de la jouissance légale organisée par l'art. 384. Est-ce
un véritable usufruit?

En principe, on appliquera les règles que le Code a
édictées au titre de *l'Usufruit*, car la jouissance légale
est aussi un usufruit. C'est ce que suppose le législateur
quand il dit, dans l'art. 385, que les charges de l'usufruit légal sont « celles auxquelles sont tenus les usu-

fruitiers. » Mais c'est un usufruit spécial et *sui generis*,
ainsi que nous allons le voir par la comparaison de divers
textes, ce qui nous amènera, dans une question particulière, à donner, pour l'usufruitier légal, une solution
différente de celle que l'on doit adopter quand il s'agit
d'un usufruitier ordinaire.

Ainsi, supposons qu'un usufruit ordinaire comprenne
des choses qui, sans se consommer de suite, se détériorent peu à peu par l'usage, comme du linge, des
meubles meublants : « L'usufruitier, dit l'art. 589, a le
» droit de s'en servir pour l'usage auquel elles sont
» destinées, et n'est obligé de les rendre, à la fin de
» l'usufruit, que dans l'état où elles se trouvent, non
» détériorées par son dol ou par sa faute. »

Dirions-nous la même chose de l'usufruitier légal?
Voyons les termes de l'art. 453 : « Les père et mère,
» tant qu'ils ont la jouissance propre et légale des biens
» du mineur, sont dispensés de vendre les meubles,
» s'ils préfèrent les garder pour les remettre en nature.
» — Dans ce cas, ils en feront faire, à leurs frais, une
» estimation à juste valeur, par un expert qui sera
» nommé par le subrogé-tuteur et prêtera serment
» devant le juge de paix. Ils rendront la valeur estima-
» tive de ceux des meubles qu'ils ne pourraient repré-
» senter en nature. » Cet article donne aux père et
mère une option : ils peuvent vendre les meubles,
placer le prix et jouir des revenus; mais ils peuvent
aussi garder ces meubles en nature, en les faisant estimer par expert. Il leur donne une option qu'il n'accorde pas au tuteur ordinaire, puisque celui-ci doit
nécessairement faire vendre les meubles autres que

ceux que le conseil de famille l'a autorisé à garder en nature. Ceci posé, et en admettant que l'usufruitier légal opte pour la conservation des meubles, dirons-nous qu'il ne doit les rendre, à la fin de l'usufruit, que dans l'état où ils se trouveront ?

Des auteurs, dont le nom fait autorité, MM. Valette et Demante, assimilent l'obligation de l'usufruitier légal à celle de l'usufruitier ordinaire, et résolvent la question par l'affirmative. La loi, disent-ils, lui donne un choix ; il exerce ce choix ; maintenant, allez-vous lui en enlever le bénéfice, en le rendant responsable des détériorations naturelles et normales produites par l'usage qu'il a fait ? Le décider ainsi, ce serait se mettre en contradiction avec les art. 589, 950, 1566 et 1884, qui, tous, prévoient un usufruit s'exerçant sur des meubles, et qui cependant ne rendent pas l'usufruitier responsable des détériorations causées par le seul usage.

Je ne crois pas que cette opinion doive être suivie. Sans doute, la doctrine, qui met à la charge de l'usufruitier légal la détérioration naturelle des meubles est rigoureuse, mais je crois qu'elle est conforme à l'intention du législateur.

Et d'abord, un argument de texte. Les articles que nous venons de citer, et qu'on invoque dans le système opposé, offrent une différence importante de rédaction avec l'art. 453, qui statue dans le cas d'usufruit légal. En effet, aux termes de l'art. 453, l'usufruitier légal qui a opté pour la conservation des meubles doit les *rendre en nature.* Au contraire, d'après les autres articles, l'usufruitier doit rendre les meubles *dans l'état où ils se trouveront.* L'art. 950, dont la rédaction se rapproche beaucoup cependant de celle de l'art. 453, en diffère aussi, d'une manière caractéristique, puisque, après avoir dit que le bénéficiaire d'une donation faite avec réserve d'usufruit sera tenu, à l'expiration de l'usufruit, de prendre les effets donnés *qui se trouveront en nature,* il ajoute immédiatememt : « *dans l'état où ils seront.* » A propos de l'art. 1063 (dans la matière des *substitutions permises*), d'après lequel les effets mobiliers compris dans la disposition à la condition de les conserver *en nature,* seront rendus *dans l'état où ils se trouveront* lors de la restitution, nous devons faire remarquer qu'il ne s'agit pas là d'un usufruit, mais du droit du grevé de substitution. On voit donc qu'il n'y a aucun argument d'analogie à tirer de ces textes en faveur de la doctrine adverse, et qu'au contraire nous pouvons, nous, en tirer un argument en notre faveur. Ainsi l'usufruitier légal doit remettre ou les meubles en nature, ou leur valeur estimative. Par conséquent, si les meubles se détériorent, s'ils se dégradent, s'ils périssent, même par cas fortuit, c'est lui qui en est responsable; à tel point que M. Demolombe ne craint pas de comparer cet usufruit légal à une espèce de cheptel.

De plus, la doctrine que nous soutenons est conforme à la tradition : « La jouissance du gardien, dit Bourjon » (*Droit commun de la France,* tome I", page 835), » embrasse les meubles appartenant au mineur; mais » comme sa jouissance ne doit pas diminuer le fonds, il » est obligé de faire faire la vente des meubles, et » la jouissance se réduit à jouir du prix d'iceux. » (V. *suprà,* page 123.) De même encore, Pothier, trai-

tant la matière du *Don mutuel entre époux*, dit que le
donataire a un droit non d'usufruit, mais de quasi-
usufruit, non-seulement sur les choses fongibles et
celles *quæ in quantité consistunt*, mais encore sur les
meubles meublants; il ne pourrait prétendre exercer
un usufruit ordinaire à la charge de rendre ces meubles
dans l'état où ils se trouveront. « La raison, ajoute
» Pothier, est que ces choses se déprécient trop par un
» long usage, soit par une diminution intrinsèque, en
» s'usant, soit par une diminution extrinsèque, c'est-à-
» dire par la diminution du prix qu'y peuvent apporter
» les changements de modes. » (Pothier, *Traité des
Donations entre mari et femme,* n° 216; édit. Bugnet,
tome 7, page 331.)

L'idée qui ressort des citations précédentes, c'est que
l'usufruitier n'est pas admis, dans ce cas, à rendre les
effets mobiliers dans l'état où ils se trouvent à l'expiration de l'usufruit, parce que le fonds serait diminué.
Or, c'est précisément là la raison qui a conduit les
rédacteurs du Code à restreindre ainsi le droit de l'usufruitier légal dans l'intérêt de l'enfant. Ils lui ont donné
le choix entre deux partis : vendre les meubles et
jouir du prix, ou les conserver pour les rendre en
nature. Il a, assurément, le droit de prendre le dernier
parti; mais, dans tous les cas, il faut que l'intérêt de
l'enfant soit également sauvegardé. « Il ne faut pas,
» dit M. Demolombe, organiser la puissance paternelle
» de telle sorte que ce soit un malheur pour l'enfant de
» voir ses biens entre les mains de son père ou de sa
» mère. » Si l'usufruitier légal ne peut pas représenter
les meubles en nature, si ces meubles ont subi une

dépréciation dommageable pour l'enfant, qu'il restitue la valeur estimative. (*Conf.* M. Demolombe, tome 6, n° 524; Proudhon, *De l'usufruit*, tome 5, n° 2639; Dalloz, *Répert. de Législ.*, v° *Puissance paternelle*, n° 99; M. Bugnet, sur Pothier, tome 6, page 518.)

La solution que nous venons de donner doit s'appliquer d'une manière absolue, alors même que l'enfant mineur jouirait lui-même, en même temps que l'ususufruitier légal, des meubles et objets mobiliers soumis à l'usufruit.

Il faut admettre, d'ailleurs, que l'usufruitier légal peut contester l'estimation faite par l'expert, s'il la juge excessive.

Un arrêt de la Cour d'Aix, de 1806, a jugé que l'art. 453, portant que le père ou la mère, usufruitier légal, est dispensé de vendre les meubles, s'il préfère les garder pour les remettre en nature, ne s'applique qu'aux meubles meublants, et ne peut être étendu aux marchandises faisant l'objet d'un commerce. (Dalloz, *Répert.*, *loc. cit.*, n° 100.)

Le système que nous venons d'adopter plus haut sur le droit de l'usufruitier légal, au point de vue de la restitution à faire à l'expiration de l'usufruit, nous conduit à voir dans la jouissance légale non plus un véritable usufruit, mais bien un usufruit spécial et *sui generis*, comme nous le disions tout à l'heure. Ce caractère, différent de celui de l'usufruit ordinaire, va encore apparaître à propos d'une question qui nous reste à examiner, et qui est la suivante : L'usufruit légal peut-il être cédé, hypothéqué, exproprié par voie de saisie immobilière?

Cette question, qui, pour l'usufruit ordinaire, doit se résoudre affirmativement, puisqu'il y a des textes positifs (art. 595, 2118, 2204), est controversée en ce qui touche la jouissance légale. Mais quoique l'assimilation complète entre la jouissance légale et l'usufruit ordinaire ait été proposée par Proudhon, MM. Duvergier, Aubry et Rau, il me semble que cette assimilation ne saurait exister, et qu'il faut résoudre la question par la négative.

L'usufruit légal, en effet, ne doit pas se considérer en dehors de la puissance paternelle dont il est un des attributs. Peut-on céder ses droits de puissance paternelle? Incontestablement non. Comment, dès lors, un droit, qui se lie si intimement à ce pouvoir, pourrait-il faire l'objet d'une cession, d'une hypothèque, d'une saisie?

Admettons la possibilité d'une pareille cession, et alors le cessionnaire va donc pouvoir s'opposer aux actes d'administration que le père voudrait faire, aux améliorations qu'il jugerait utiles? Mais l'administration légale, qui reste entre les mains du père, n'est plus possible après la cession de la jouissance légale. Ce n'est pas tout, et je crois que si l'on admettait la validité de pareilles conventions, il y aurait impossibilité matérielle de les exécuter. Le cessionnaire de l'usufruit doit, en effet, avec l'usufruit, prendre les charges. C'est très-facile s'il s'agit de l'usufruit ordinaire, mais il en est tout différemment s'il s'agit de la jouissance légale, en raison de la nature et du caractère des charges qui incombent au titulaire. Nous verrons plus loin quelles sont ces charges; disons dès à présent que l'usufruitier légal a, entre autres obligations, colle de nourrir et entretenir son enfant, de veiller à son éducation. Supposons donc un tiers en possession de la jouissance légale ; comment va-t-on se tirer de là ? Dira-t-on que ce tiers fournira au père une certaine somme prélevée sur les revenus et les fruits ? Soit, mais quelle sera cette somme ? qui en fixera le montant ? D'après quelles bases ? Autant de questions qui resteront sans réponse. La nature des charges auxquelles il faut pourvoir est telle, en effet, qu'on ne saurait fixer, dès l'ouverture du droit, et une fois pour toutes, le *quantum* des dépenses. Il s'agit là d'une chose essentiellement variable, et dont le père seul est bon appréciateur. Et puis, on ne peut pas donner au cessionnaire le droit de contester la dépense que le père jugera nécessaire; une pareille ingérence dans ces affaires répugnerait profondément. Il faudrait donc alors qu'il crût le père sur sa parole, ce qui le mettrait complétement à la discrétion de ce dernier.

Il y a donc, on le voit, une impossibilité réelle à régler les rapports du père et du cessionnaire de la jouissance légale.

Cette impossibilité n'est pas la seule. Elle existe à un autre point de vue. L'usufruit légal s'éteint non-seulement par la mort de l'usufruitier, mais encore par la mort du propriétaire, et, mieux encore, par son émancipation ; et le père peut toujours user du droit d'émanciper son enfant.

Tout cela nous prouve, encore une fois, que la jouissance légale n'est pas un véritable usufruit. Le législateur, en imposant au père, ou plutôt en sanctionnant par une règle de droit positif le devoir naturel d'entre-

tion et d'éducation, a voulu lui accorder en retour certains avantages ; il lui donne le droit de prélever sur les
revenus de ses enfants les sommes nécessaires à leur
entretien et à leur éducation, et, pour éviter aussi toute
complication de compte, lui attribue l'excédant de ces
revenus, s'il y en a. Voilà, si je ne me trompe, quelle a
été la pensée du législateur. Aussi ne faut-il pas assimiler complétement l'émolument accordé au père ou à
la mère à l'usufruit ordinaire, assimilation impossible
surtout dans la question qui nous occupe.

Cela est si vrai qu'il n'est pas dû de droit de mutation à l'ouverture de la jouissance légale. La loi des
29 sept. 6 oct. 1791 s'exprime ainsi : « Les pères qui
viendront à l'administration et jouissance que quelques
coutumes leur donnent des biens appartenant aux enfants mineurs non émancipés, en vertu de la simple
puissance paternelle, ne devront aucun droit. » Plus
tard, la loi du 22 frimaire an VII, sur l'enregistrement,
resta muette à cet égard, et confirma par son silence la
disposition de la loi de 1791.

La jouissance légale n'est donc susceptible ni de cession, ni d'hypothèque, ni de saisie. (*Conf.* M. Valette,
sur Proudhon, tome 2, page 267 ; M. Demolombe,
tome 6, n° 527 ; Dalloz, *Répert.*, v° *Puiss. pat.*,
n° 101, etc.)

SECTION II

Sur quels biens porte l'usufruit légal.

L'usufruit légal forme un droit universel ; il frappe

tous les biens qui appartiennent à l'enfant, sans distinction, meubles et immeubles, à quelque époque et
de quelque manière qu'ils aient été acquis par lui, l'eus-
sent-ils été par donation ou succession, pendant la durée
de l'usufruit. L'usufruitier perçoit tous les fruits, soit
naturels, soit industriels, soit civils : c'est lui qui perçoit les produits d'un usufruit constitué au profit de
l'enfant, ou les arrérages d'une rente viagère dont ce
dernier serait titulaire, sans avoir à restituer, lors de la
cessation de la jouissance légale, autre chose que le titre
lui-même, tel qu'il se trouve, éteint ou non.

Lorsqu'une succession est échue à l'enfant, elle n'est
pas encore entrée dans son patrimoine, elle ne lui est
pas acquise ; il faut qu'elle soit acceptée, selon les formes
édictées par l'art. 461, c'est-à-dire par le tuteur, après
autorisation du conseil de famille. Jusqu'à l'acceptation,
l'usufruitier légal n'y a aucun droit ; sa jouissance ne
pourra s'exercer qu'après. Remarquons à cet égard que
le père ou la mère, usufruitier légal, n'est pas du tout
lié par son vote au sein du conseil de famille ; s'il a voté
pour l'acceptation, tandis que la majorité a voté pour la
répudiation, il ne peut exercer aucun droit sur la jouissance ; mais réciproquement, quand même il aurait
voté pour la répudiation, alors que la majorité accepte,
il n'est pas par là déchu de sa jouissance, et il l'exerce,
malgré son vote.

Nous disons donc qu'en principe, *tous* les biens qui
appartiennent à l'enfant sont grevés de l'usufruit légal.
Mais nous allons trouver à cette règle générale quatre
exceptions.

1re EXCEPTION. — *Biens que l'enfant a pu acquérir par un travail et une industrie séparés.*

« La jouissance légale, dit l'art. 387, ne s'étendra » pas aux biens que les enfants pourront acquérir par un » travail et une industrie séparés..... »

Cette disposition, qui soustrait à l'usufruit paternel les biens acquis par un travail séparé, est bien plus large que les règles romaines, qui ne laissaient au fils de famille que les pécules castrense et quasi-castrense, puisque ces pécules ne comprenaient que les acquisitions faites par le fils dans la carrière des armes ou dans la culture des lettres et des arts.(V. *supra*, pages 16 et 55.) Mais aussi rappelons-nous que l'usufruit paternel cesse aujourd'hui dès que l'enfant a atteint ses dix-huit ans ; et les gains qu'il peut faire avant cet âge ne seront jamais considérables.

Il suffit, pour appliquer l'art. 387, que l'enfant exerce un travail ou une industrie séparée, distincte de la profession qu'exerce son père, encore bien qu'il habite avec lui. Cette résidence commune est d'ailleurs forcée pour le mineur, aux termes de l'art. 374. On peut comparer sa situation à celle de la femme mariée qui, tout en demeurant avec son mari, ainsi que l'y oblige l'art. 214, fait néanmoins un commerce séparé.

Lors donc que le fils aura, par son travail, son habileté, son intelligence, conquis une position indépendante, qu'il soit simple ouvrier, ou qu'il occupe, au contraire, une carrière libérale, qu'il soit peintre, sculpteur, écrivain, dans tous ces cas, ce qu'il gagnera lui appartiendra en totalité, en propriété et en usufruit. C'est une prime accordée par la loi au travail, un encouragement donné aux habitudes d'ordre et de bonne conduite.

Mais aussi de cette disposition naîtra nécessairement une inégalité entre plusieurs frères, occupés les uns au dehors, les autres au service de leur père. Les premiers, en effet, garderont pour eux ce qu'ils auront gagné par un travail séparé ; les autres, au contraire, verront le fruit de leur travail tomber dans la caisse paternelle. Mais ce sera au père à rétablir l'égalité entre ses enfants, afin qu'ils ne trouvent pas un intérêt à se séparer de lui.

De ce que nous venons de dire plus haut sur les conditions auxquelles les gains faits par l'enfant ne seront pas soumis à la jouissance légale du père ou de la mère, il résulte que l'usufruit paternel s'exerce sur les gains provenant du jeu ou d'un pari, car il n'y a là ni travail ni industrie, et aussi, pour la même raison, sur la part qui revient à l'enfant dans le trésor trouvé sur son fonds par un tiers, ou par l'enfant sur le fonds d'autrui, ou sur la totalité du trésor qu'il trouve lui-même dans son propre fonds (art. 716), car, dans tous ces cas, il y a simplement *donum Dei*.

Peut-être douterait-on qu'il en fût de même du trésor trouvé dans un immeuble du fils, sur lequel le père ou la mère n'aurait aucun droit de jouissance, et serait-on porté à croire que, dans cette hypothèse, l'usufruit paternel ne devrait pas avoir lieu. Je crois, au contraire, que même dans ce cas, le trésor est soumis à l'usufruit paternel. En effet, ce n'est pas quelque chose qui fasse partie de l'immeuble, comme, par exemple, les minéraux ou les futaies ; c'est quelque chose de distinct, ayant une existence propre, et conservant malgré tout son caractère de meuble. (En sens contraire, dans notre ancien droit : Dumoulin et Pothier ; V. *supra*, pag. 124.)

Lorsque, en exécution de l'art. 387, l'enfant conserve les gains qu'il a faits dans une industrie séparée, il n'en a pas pour cela la libre disposition ; car le père est toujours administrateur légal, et c'est lui qui doit gérer toute la fortune de l'enfant ; seulement, pour les biens dont il n'a pas la jouissance, il est comptable, même des revenus.

2° EXCEPTION. — *Biens donnés ou légués à l'enfant, sous la condition expresse que les père et mère n'en jouiront pas.*

Cette seconde exception est également écrite dans l'art. 387. Le législateur ne veut pas qu'un donateur ou un testateur qui porte intérêt à un enfant, mais qui, en même temps, se trouve en mauvais termes avec le père, redoute d'avantager le fils dans la crainte que le père ait la jouissance. Il lui permet donc d'apposer à sa libéralité la condition que le père ou la mère ne jouira pas des biens donnés ou légués.

Cette condition, aux termes de l'art. 387, doit être expresse ; mais il n'en résulte pas que le testateur doive employer des termes sacramentels. Tout ce que veut la loi, c'est que la prohibition soit claire et manifeste ; ce sera donc souvent une question de fait que le juge sera appelé à apprécier. Mais dans tous les cas, s'il y a doute, ce doute doit profiter au père, puisque l'usufruit paternel est la règle générale.

Ainsi, qu'il y ait dans la donation ou le testament des

dispositions inconciliables avec l'exercice de la jouissance légale ; que, par exemple, le disposant ait indiqué l'emploi à faire des fruits et revenus ; qu'il ait institué le père légataire, en le chargeant fiduciairement de rendre les biens à son fils avant que celui-ci ait atteint ses dix-huit ans, il est évident qu'il y a impossibilité, dans ces hypothèses, de concilier la libéralité avec l'exercice de l'usufruit paternel.

Un arrêt de la Cour de Paris, du 24 mars 1812, a jugé que, lorsqu'un aïeul, en léguant à son petit-fils une somme d'argent, a ordonné que le placement et l'emploi en seraient faits jusqu'à la majorité du légataire par une personne qu'il désigne, ce legs pouvait être considéré comme fait sous la condition expresse que le père n'en aurait pas la jouissance, dans le sens de l'art. 387. (Aff. Compigny C. Cretté : Dall., *Rép.*, tom. 38, v° *Puissance paternelle*, n° 106.) Il s'agissait, dans l'espèce, d'un legs de 2,000 fr., dont 1,000 fr. destinés à l'éducation de l'enfant, le reste devant être l'objet d'un placement prompt et avantageux. Hennequin critique la disposition trop absolue de l'arrêt, en ce que, pour les derniers mille francs, il n'y avait aucune raison de les soustraire à l'usufruit légal.

Lorsqu'un père est institué légataire conjointement avec ses enfants, il n'y a, dans cette disposition, rien qui mette obstacle à l'exercice de la jouissance légale.

Supposons maintenant que le testateur ait limité déterminément la part du père et celle du fils ; qu'il ait, par exemple, institué le père pour moitié et le fils pour l'autre moitié, que déciderons-nous ? Dirons-nous que cette disposition est inconciliable avec l'exercice de l'usufruit paternel? On le pensait autrefois, et l'on se fondait sur un passage de la Novelle 118, chap. 2, aux termes duquel le fils appelé à une succession en même temps que son père prenait sa part en pleine propriété : *Nullum usum ex filiorum aut filiarum portione in hoc casu valente patre sibi penitus vindicare, quoniam pro hac usus portione, hereditatis jus et secundum proprietatem per præsentem dedimus legem.* On tirait aussi argument de la loi 6 Cod. *De bonis quæ liberis,* liv. 6, tit. 61, où il est dit : *Excipitur, quod eis datur, vel relinquitur ab aliquo parentum, conditione hac adjecta, ne ad patrem perveniat ususfructus. Item hereditas fratris, sororisve, ad quam una cum patre admittitur, et forsan si aliunde quæratur lege prædicta.* Malgré ces précédents, je ne crois pas qu'il faille aujourd'hui suivre cette opinion : elle n'est en effet consacrée ni par l'art. 749 ni par l'art 751, qui ont pour objet de régler la même matière. Nous pouvons même tirer un argument *a contrario* de l'art. 730, texte pénal, qui ne peut être étendu par analogie. D'ailleurs, le droit d'usufruit que nous reconnaissons au père, dans cette hypothèse, n'est pas un droit héréditaire ; il l'exerce en vertu de son titre de père et suivant le droit commun.

Passons au cas où l'objet du don ou du legs est une rente viagère ou un usufruit. Il semble bien, à première vue, que ce ne soit pas susceptible d'être grevé de l'usufruit paternel. L'intention du donateur ou du testateur, pourrait-on dire, est évidemment d'accorder à l'enfant qu'il gratifie un droit intact, inconciliable avec la jouissance légale : accorder au père cette jouissance, ce serait ne rien laisser au fils.

Cependant cette doctrine, quelque juste qu'elle paraisse, ne s'appuie que sur une confusion. C'est confondre en effet le droit lui-même de rente viagère ou d'usufruit avec les fruits ou les revenus qu'il produit, alors qu'il faut soigneusement les distinguer. Or, cette distinction entre le droit lui-même et ses fruits est très-bien faite par divers textes du Code. Ainsi, aux termes de l'art. 588, « l'usufruit d'une rente viagère donne à l'usufruitier le droit de percevoir les arrérages, *sans être tenu à aucune restitution*, » et suivant l'art. 1568, « si un usufruit a été constitué en dot, le mari ou ses héritiers ne sont obligés, à la dissolution du mariage, que de *restituer le droit d'usufruit*, et non les fruits échus durant le mariage. »

Rien n'empêche donc le père ou la mère d'exercer sa jouissance légale, le fils conservant le droit nu de rente viagère ou d'usufruit. Les arrérages de la rente viagère ne sont en effet que les fruits de la rente elle-même. (M. Demol., tome 6, n° 511 ; Dall., *Rép., loc. cit.*, n° 109.)

Il est hors de doute qu'un bail à ferme est susceptible d'usufruit (art. 581). Supposons donc qu'un fermier ait légué à un mineur son droit au bail. Que décider, dans ce cas, à l'égard du père de ce mineur? La question est controversée. Dans un premier système, on prétend qu'à la différence de ce qui a lieu pour l'usufruit d'une rente viagère ou d'un droit d'usufruit, la substance de la chose consiste ici non point dans le droit au bail, mais dans les fruits eux-mêmes, dans les fermages considérés comme choses fongibles à restituer, à la fin de l'usufruit, en pareille quantité et valeur, ou

14

leur estimation, aux termes de l'art. 587. Dès lors la jouissance légale du père ou de la mère consisterait uniquement à percevoir les intérêts du produit net résultant de la différence entre la valeur des récoltes et le montant des fermages à payer et des impenses à faire.

Je suis d'avis, au contraire, qu'il y a lieu d'assimiler l'usufruit d'un bail à ferme à l'usufruit d'une rente viagère ou d'un usufruit. La substance de la chose est également le droit au bail, et c'est le droit au bail que l'usufruitier sera tenu de restituer. Il n'y a, en effet, aucune raison d'établir une différence entre les deux sortes d'usufruit dont nous parlons. Ajoutons que le système contraire, outre qu'il ne laisse à l'usufruitier du bail qu'une indemnité illusoire pour ses soins et ses frais de culture, a encore l'inconvénient de ne déterminer ni les bénéfices sur lesquels l'usufruitier exercera son droit de jouissance, ni la base sur laquelle devra reposer le compte à établir entre ce dernier et le nu-propriétaire.

Nous pouvons d'ailleurs, par une simple comparaison, montrer le peu de valeur du système que nous combattons. Supposons qu'au lieu d'un bail à ferme, il s'agisse d'un bail à loyer. Lorsque le locataire d'une maison ou d'un appartement aura légué à un enfant son droit au bail, quel sera, dans ce cas, le droit du père, usufruitier légal? On ne peut plus dire ici qu'il percevra les intérêts du produit net résultant de la différence entre l'avantage qu'il tire de l'appartement qu'il occupe et le montant de la location; car quel serait alors cet avantage, et comment l'apprécier? Voilà pourtant où conduirait le premier système.

Il faut donc admettre que le père, usufruitier légal, percevra les récoltes elles-mêmes, sauf à payer les fermages et les frais de culture, et qu'il ne sera tenu de restituer, à l'expiration de l'usufruit, que le simple droit au bail, si le bail dure encore. (*Conf.* Proudhon, *Traité de l'Usufruit* ; Rej., req., 19 janv. 1857 : Dall., *Recueil périodique*, 59, 1, 279. — *Contra* : M. Demolombe, tom. 6, n° 512.) (1).

Peut-on, dans un testament, stipuler que la réserve légale elle-même ne sera pas grevée de l'usufruit paternel?

Cette question, en ce qui touchait la légitime, divisait nos anciens auteurs. Suivant les uns, l'ascendant qui disposait de sa fortune au profit de son petit-fils pouvait soustraire la légitime elle-même à l'usufruit paternel. (Lebrun, *Traité des Successions.*) Mais telle n'était pas l'opinion de la majorité. Presque tous pensaient, au contraire, que la liberté de l'ascendant donateur ou testateur devait s'arrêter à la légitime ; on s'appuyait sur la Novelle 117, chap. 1er, aux termes de laquelle la mère, l'aïeule et les autres parents pouvaient donner ou léguer à leurs enfants ou petits-enfants tout ou partie de leurs biens, à la condition que le père du donataire ou légataire n'en aurait pas l'usufruit, *mais seulement*

(1) On invoque contre nous un arrêt de la Cour de cassation (chambre civile), du 7 mars 1825 (Dall. *Répert.*, tom. 38, page 585). Mais cet arrêt statue dans un cas différent : dans l'espèce, le père avait, de son vivant, acheté quelques coupes de bois déterminées, et dix milliers de fagots à prendre sur une propriété. Ce n'était pas là un bail, mais un achat de meubles d'une quantité fixe et déterminée. Dès lors, la Cour de Lyon a eu raison de juger, puis après elle, la Cour de cassation, que la mère survivante, usufruitière légale des biens de ses enfants mineurs, n'avait pas le droit de percevoir pour elle le produit des coupes, mais qu'elle n'avait le droit de percevoir que les intérêts de ce capital.

dans la limite de la quotité disponible; la légitime devait rester intacte, et le père exercer son droit d'usufruit sur les biens qui la composaient. *Sancimus igitur licentiam esse et matri et aviæ, aliisque parentibus,* POSTQUAM RELIQUERINT FILIIS PARTEM QUÆ LEGE DEBETUR, *quod reliquum est... donare, aut etiam per ultimam relinquere voluntatem, sub hac definitione atque conditione, etc.*

La même controverse agite encore aujourd'hui les auteurs.

La doctrine qui étend jusqu'à la réserve légale la dispense d'usufruit s'appuie sur un argument qui offre au moins quelque chose de spécieux. Il doit être permis, dit-on, de soustraire la réserve légale à l'usufruit paternel. En effet, la disposition du donateur ou du testateur qui entame cette réserve n'est pas nulle de plein droit; elle n'est que sujette à réduction; il faut demander à la justice de faire rentrer la libéralité dans les limites de la quotité disponible déterminée par la loi. Or qui demandera cette réduction? Évidemment l'héritier lésé par la libéralité, et intéressé à ce que la réduction soit prononcée. Eh bien! dans l'hypothèse dont nous nous occupons, nous ne trouvons pas cet intérêt chez l'héritier. Son intérêt consiste, au contraire, à ce que la réserve ne soit pas atteinte par l'usufruit paternel. Donnera-t-on au père le droit de revendiquer son usufruit? mais ce serait retourner contre l'enfant réservataire une action qui est précisément établie en sa faveur, puisqu'elle tendrait à amoindrir sa portion, en lui enlevant l'usufruit, pour ne lui laisser que la nue-propriété.

Toutefois, et malgré l'apparence équitable de ces raisons, nous refusons de reconnaître à un ascendant
le droit de soustraire la réserve légale à l'usufruit paternel.

Devrons-nous, comme l'ont fait quelques auteurs,
donner pour motif à notre décision que la clause dont
il s'agit est réputée non-écrite? En aucune manière. La
libéralité qui excède le disponible et entame la réserve
n'est pas nulle de plein droit, elle est seulement susceptible d'être annulée, elle est réductible sur la demande
de l'héritier ou de ses ayant-cause, en sorte que, jusqu'à
la réduction prononcée, elle conserve son effet. Ainsi
la clause qui prive le père de la jouissance légale sur les
biens qui composent la réserve donne ouverture à l'action en réduction. C'est là une proposition qui peut
sembler étrange à première vue. Comment en effet (et
c'est le principal argument des défenseurs de la doctrine adverse) concilier cette idée de réductibilité, qui
suppose que le testateur a donné *trop peu* à l'héritier
réservataire, avec le fait qu'il lui a donné *trop*? Il lui a
donné, dit-on, plus que sa réserve, puisqu'il l'a dégrevée
de l'usufruit du père : cette condition est donc tout à
fait dans l'intérêt de l'enfant, et l'on ne voit pas sur
quoi se fonderait soit l'enfant, soit l'usufruitier légal,
pour former une demande en réduction.

Reprenons ces deux points :

Le système contraire prétend qu'il est impossible
d'attaquer comme réductible un acte qui donne *trop* à
l'enfant héritier. Nous devons donc montrer qu'en donnant trop sous un certain point de vue, il donne trop
peu sous un autre point de vue. Un exemple nous fera

comprendre. Un père, au lieu de laisser la loi régler sa succession, en dispose par un testament au profit de son fils à qui la loi elle-même l'aurait donnée, mais il ajoute cette condition que les biens qui la composent seront insaisissables. Assurément, voilà une condition qui serait de nature à favoriser l'héritier, puisqu'en lui garantissant contre ses créanciers la possession des biens héréditaires, elle lui donnerait plus que la loi ne lui accorde. Cependant les créanciers seraient-ils obligés de respecter une pareille condition, et ne seraient-ils pas fondés à en demander l'annulation, au moins en ce qui concerne la réserve? Évidemment; et nous avons même un texte formel qui le décide ainsi : c'est l'art. 581 du Code de Procédure. C'est que, sous un point de vue, cette condition, qui paraît pourtant si avantageuse à l'héritier, lui donne trop peu, en lui enlevant la faculté de garantir sur ses biens les engagements qu'il contracte, en restreignant son droit de propriété. Nous en dirons autant du père ou de la mère que la disposition entre-vifs ou testamentaire prive de l'usufruit légal sur la réserve. L'usufruitier légal, ayant-cause de son enfant au point de vue de la jouissance que la loi lui attribue sur les biens de ce dernier, peut demander l'annulation de la condition dont nous parlons.

Une autre considération sur laquelle s'appuie le système contraire, c'est que la condition prohibitive a été écrite par le testateur dans l'intérêt et pour l'avantage de l'enfant. Je réponds que c'est là une assertion trop absolue, et qui sera souvent démentie par les faits. Supposons en effet que le père, usufruitier légal des biens de son enfant, néglige d'exercer son droit de jouissance et contribue de sa fortune personnelle à l'entretien et à l'éducation de celui-ci. Survient un testament de l'aïeul maternel qui a cet enfant pour unique héritier, et qui enlève au père l'usufruit de tous les biens, même de ceux qui forment la réserve, et le père, mécontent et froissé d'une pareille mesure, se dispose à prélever sur les biens de l'enfant les sommes nécessaires à son entretien et à son éducation. Il est évident que, dans cette hypothèse, l'intérêt de l'enfant parle en faveur de l'annulation de la clause testamentaire, et qu'une demande en réduction doit être accueillie, à raison du préjudice qu'il éprouve.

Et si l'enfant peut former une demande en réduction, la même faculté appartient à l'usufruitier légal, dont le droit a pris naissance en même temps que les biens entraient dans le patrimoine du mineur. On peut comparer la situation de l'usufruitier légal à celle d'un associé. Supposons que l'un des membres d'une société universelle de tous biens présents et de tous gains ait recueilli de l'un de ses ascendants des biens, avec cette condition que les revenus de la réserve n'entreraient pas dans la société : l'associé légataire et même ses coassociés pourraient attaquer cette condition comme contraire à l'acte de société. L'usufruitier légal, lui, tient ses droits non d'un contrat, mais de la loi; nous pouvons donc raisonner par *à fortiori* pour dire que l'ascendant donateur ou testateur peut encore moins frapper d'une telle condition les biens compris dans la réserve. « La loi, dit M. Demolombe, a cru qu'il était bon et utile d'établir l'usufruit paternel; elle l'a établi par des motifs d'équité et aussi d'intérêt général, afin

de prévenir des comptes trop compliqués entre les père
et mère et les enfants; et elle ne doit pas dès lors
tolérer que les biens qu'elle transmet elle-même en
soient affranchis; elle ne doit pas permettre que cette
condition, dictée par des ressentiments personnels de
l'époux prémourant (ou, en général, de l'ascendant testateur) contre le survivant, perpétue entre celui-ci et ses
enfants les mêmes sentiments de mésintelligence et de
discorde. L'art. 387 a cru devoir, il est vrai, autoriser
cette condition pour les biens donnés ou légués; mais
la réserve n'est ni donnée ni léguée; elle est conférée
au réservataire par la loi elle-même. » (*Conf.* M. Demol.,
loc. cit., n° 513; Marcadé, tom. 2, sur l'art. 387;
Proudhon, t. 2, p. 203; M. Valette, *Explic. sommaire
du livre 1er du Code Nap.* — M. Valette avait, antérieurement, enseigné l'opinion contraire : sur Proudhon,
tom. 2, p. 204.)

La solution que nous donnons est absolue et doit être
suivie aussi bien dans le cas où la prohibition est contenue dans une donation entre-vifs que dans le cas où elle
est écrite dans un testament. Toullier émettait l'avis
que la prohibition fût valable quand elle avait été insérée
dans une donation entre-vifs, par exemple un partage
anticipé, et que le père avait accepté la donation, au
nom de son fils donataire, sans protestations ni réserves.
Nous n'avons pas fait de distinction entre les deux cas,
et nous rejetons cette condition, même dans cette dernière hypothèse, parce que tant que le donateur existe,
il n'y a ni succession ni par conséquent réserve.

Notons, en terminant, que la prohibition de l'usufruit paternel apposée comme condition à une donation

ou à un legs, peut être faite soit contre le père et la mère, soit contre l'un d'eux seulement.

3ᵉ EXCEPTION. — *Biens d'une succession dévolue à l'enfant à la place de son père ou de sa mère, exclu comme indigne.*

Après avoir, dans l'art. 727 (1), indiqué les cas dans lesquels un héritier, appelé régulièrement par la loi des successions, est cependant exclu comme indigne, le Code ajoute, art. 730 : « Les enfants de l'indigne, ve-
» nant à la succession de leur chef, et sans le secours
» de la représentation, ne sont pas exclus pour la faute
» de leur père; *mais celui-ci ne peut, en aucun cas, ré-*
» *clamer, sur les biens de cette succession, l'usufruit que*
» *la loi accorde aux pères et mères sur les biens de leurs*
» *enfants.* »

Le motif du législateur est manifeste : il n'a pas voulu que l'indigne pût profiter, même pour la jouis-sance, d'une succession dont il était écarté; autrement, la sanction de l'art. 727 eût été illusoire.

Quoique l'art. 730 ne parle que du père, néanmoins on est d'accord pour étendre cette prohibition à la mère, écartée, comme indigne, d'une succession. Le Code a statué *de eo quod plerumque fit*, et, du reste, la fin de l'art. 730 montre bien qu'il a eu en vue aussi bien la mère que le père.

Supposons que l'indignité ait été encourue par la

---

(1) Art. 727. — Sont indignes de succéder, et, comme tels, exclus des suc-cessions: 1° Celui qui sera condamné pour avoir donné ou tenté de donner la mort au défunt; 2° celui qui a porté contre le défunt une accusation capi-tale jugée calomnieuse; 3° l'héritier majeur qui, instruit du meurtre du dé-funt, ne l'aura pas dénoncé à la justice.

mère, seule héritière, et que le mari ait été condamné
comme complice, ou réciproquement; devrons-nous li-
miter les effets de l'art. 730 à l'époux héritier? Je ne le
pense pas. En vain objectera-t-on qu'il s'agit là d'une
prohibition pénale, et qu'on ne peut étendre une peine
au delà des termes de la loi : la loi semble, en effet, ne
frapper que l'époux héritier, tandis que nous propo-
sons d'atteindre également l'autre époux non héritier,
mais complice; pourtant, si nous recherchons quel but
a voulu atteindre le rédacteur du Code, nous voyons
qu'il a voulu priver de tout droit sur les biens héréditaires celui des époux, indistinctement, qui aurait commis quelque acte de nature à faire déclarer l'indignité.

Si le père seul a été exclu comme indigne, la mère
est usufruitière légale, mais son usufruit ne commence
qu'après la dissolution du mariage : la loi en effet serait
éludée si elle pouvait jouir des biens héréditaires pendant la durée du mariage, pour la même raison que
nous avons déjà indiquée, à propos d'une autre question
(*supra*, page 190). Si les époux sont mariés en communauté, les revenus perçus par la femme tombent en
communauté; et même, sous tout autre régime, ils
sont absorbés en commun ; dans tous les cas, donc, le
père aurait indirectement la jouissance de ces biens.

La disposition de l'art. 730, qui est pénale, doit être
limitée au cas d'indignité.

Ainsi, lorsque les enfants hériteront par suite de
la renonciation de leur père, celui-ci pourra, malgré sa renonciation à la succession, exercer son droit
de jouissance légale sur les biens héréditaires, puisqu'il a ce droit en vertu de son autorité pater-

nelle. On serait donc mal venu à prétendre que sa renonciation à la succession entraîne *ipso jure* sa renonciation à l'usufruit légal ; c'est en vain encore que l'on prétendrait que cette renonciation n'est qu'une libéralité indirecte en faveur de ses enfants, et que la donation faite par un père à ses enfants doit être exécutée en son entier, sans réserve d'usufruit, lorsque cette réserve n'a pas été formellement exprimée. Ce serait une pétition de principe, la question étant de savoir si la donation de père à fils entraîne de plein droit la renonciation du donateur à l'usufruit légal. Je suis plutôt enclin à considérer ceci comme une question de fait que les tribunaux résoudront d'après les circonstances de la cause.

4ᵉ EXCEPTION. — *Biens compris dans un majorat.*

Suivant un Avis du Conseil d'État du 30 janvier 1811, il devait être, pendant la minorité des titulaires, pourvu à l'administration et à l'emploi des majorats de la manière prescrite par le Code à l'égard des biens désignés dans l'art. 387, c'est-à-dire que l'usufruit paternel ne pouvait s'exercer sur ces biens.

Tout ce qui a trait aux majorats n'a plus guère d'intérêt aujourd'hui. Cette institution aristocratique que Napoléon avait crue nécessaire pour assurer la splendeur de sa monarchie, confirmée et développée par la Restauration, reçut un premier coup sous la monarchie de Juillet, grâce à la loi du 12 mai 1835, et fut abolie définitivement par la loi du 11 mai 1849, à la suite d'un remarquable rapport de M. Valette. Aux termes de cette dernière loi, la transmission des majorats exis-

tants ne peut plus avoir lieu qu'au profit des appelés
du deuxième degré, nés ou conçus avant sa promulgation.

Des charges de l'usufruit légal.

« Les charges de la jouissance légale, dit l'art. 385,
» seront :
   » 1° Celles auxquelles sont tenus les usufruitiers ;
   » 2° La nourriture, l'entretien et l'éducation des
» enfants, selon leur fortune ;
   » 3° Le payement des arrérages ou intérêts des
» capitaux ;
   » 4° Les frais funéraires et ceux de dernière ma-
» ladie. »
Nous allons reprendre chacune de ces dispositions.

§ 1er. — *Les charges auxquelles sont tenus les usufruitiers.* — Dans la première section, nous avons dit que
la jouissance légale était un usufruit ayant sans doute
quelques caractères particuliers, mais qui, en somme,
présentait les traits généraux de l'usufruit ordinaire :
notamment, l'usufruit légal, de même que l'usufruit ordinaire, attribue au père (ou à la mère) l'universalité des
fruits.
C'est là une ressemblance importante, capitale, qui
justifie la disposition de notre art. 385, 1°, en ce qu'il
met à la charge de l'usufruitier légal les obligations imposées par la loi à l'usufruitier ordinaire.

Ainsi, au moment où commence l'usufruit, l'usufruitier ordinaire doit dresser l'inventaire des meubles et l'état des immeubles soumis à l'usufruit, et donner caution de jouir en bon père de famille (art. 601.) L'usufruitier légal devra également faire inventaire, mais il est dispensé de fournir caution par ce même art. 601, dispense qui s'explique parfaitement, à raison de la qualité du titulaire de la jouissance légale, lequel est toujours le père ou la mère du nu-propriétaire. Le législateur a pensé que la garantie qu'offrait l'affection paternelle valait mieux qu'une caution, mesure de défiance qu'on n'aurait pu imposer au père ou à la mère.

Remarquons que la dispense de caution en faveur des père et mère est appliquée par l'art. 39 de la loi du 3 mai 1841 sur l'*Expropriation pour cause d'utilité publique*.

Et, pendant la durée de l'usufruit paternel, le titulaire, de même que l'usufruitier ordinaire, devra jouir en bon père de famille et conserver la substance de la chose, obligation qui entraîne celle d'acquitter toutes les impenses qui se prennent sur le revenu : contributions, arrérages de rente, intérêts des capitaux, pensions alimentaires ou viagères, réparations d'entretien, frais des procès qui concernent la jouissance, remplacement, jusqu'à concurrence du croît, des animaux dont la perte a diminué le troupeau dont ils faisaient partie (art. 605 à 616.)

Mais, dans tous les cas, il est bien évident que le père ou la mère ne sera tenu de ces charges dont nous parlons que pour les biens compris dans son usufruit légal, et que, pour les autres, les charges devront être supportées par l'enfant lui-même.

§ 2. — L'art. 385 impose, en second lieu, à l'usufruitier légal :

La nourriture, l'entretien et l'éducation des enfants, selon leur fortune.

Faut-il voir dans cette disposition une répétition de l'art. 203, aux termes duquel « les époux contractent » ensemble, par le fait seul du mariage, l'obligation » de nourrir, entretenir et élever leurs enfants, » et dire qu'il y a, dans ces deux articles, une seule et même obligation ? En aucune façon. Du fait de la procréation des enfants naît à la charge des parents un double devoir, qui consiste, d'une part, dans des soins tout personnels que le bas âge des enfants rend nécessaires, et qui sont toujours les mêmes, quelles que soient la fortune et la position soit des parents, soit des enfants ; d'autre part, dans des prestations de subsistances, de vêtements, etc., dépenses d'argent qui varient nécessairement selon les circonstances. Or, si la charge qu'impose à l'usufruitier légal l'art. 385 se confondait avec l'une des deux charges de l'art. 203, ce ne pourrait être qu'avec la seconde. Mais cette confusion n'existe pas.

Quatre différences en effet distinguent ces deux obligations :

1° Les père et mère, suivant l'art. 203, ne sont tenus d'élever leur enfant que dans les limites de leur fortune personnelle, tandis que l'article 385 impose à l'usufruitier légal l'obligation d'élever son enfant selon la fortune de ce dernier. Par application de ce principe, il a été jugé que, si le père avait totalement négligé l'éducation d'un enfant possesseur de biens considérables, et si, au lieu de l'élever suivant son état, il l'avait constamment employé aux travaux domestiques les plus grossiers, il pourrait être tenu de restituer tout ce qu'il aurait perçu en vertu de sa jouissance légale. (Cassat. 23 avril 1817, aff. Salicis : Dalloz, *Répertoire de législation et de jurispr.*, v° *Minorité*, n° 720.)

2° Lorsque l'enfant a des biens personnels suffisants, l'obligation de l'art. 203 cesse pour les père et mère. Au contraire, l'obligation imposée par l'art. 385 à l'usufruitier légal n'en subsiste pas moins, alors même que le mineur serait propriétaire d'autres biens non soumis à la jouissance légale. L'art. 385, en effet, ne distingue pas ; mais le motif qui me touche le plus, c'est que l'usufruit légal est toujours un usufruit universel, quoique certains biens particuliers n'y soient pas soumis ; et ce titre d'usufruit universel suffit pour que les mêmes charges le grèvent, quelque restreint qu'il soit. (*Conf.* Pothier, *Coutume d'Orléans*, introd. au titre *des Fiefs*, n° 347, éd. Bugnet, tom. 1er, pag. 136 ; et M. Bugnet, en note, *loc. cit.*; — Rej., Req., 13 mars 1813, aff. Lebaudy : Dall., *Rép.*, v° *Mariage*, n° 613, 3°; —Lyon, 16 fév. 1835, aff. de Glavenas C. de Chatelus : Dall., *Rép.*, v° *Puiss. pat.*, n°° 126 et 151.)

3° Le père et la mère sont l'un et l'autre tenus de l'obligation imposée par l'art. 203. Il n'en est pas de même de celle qui dérive de l'art. 385. Supposons le père usufruitier légal : si les biens de l'enfant suffisent, le père est seul tenu, et la mère cessera d'être obligée et profitera de cette portion, si elle est séparée de biens.

4° Enfin, les créanciers des père et mère peuvent poursuivre ceux-ci et les mettre hors d'état de satisfaire à l'obligation de l'art. 203. Au contraire, les créanciers de l'usufruitier légal ne peuvent poursuivre leur payement sur les revenus des biens de l'enfant, perçus par l'usufruitier, que déduction faite de ce qui est nécessaire à l'éducation du mineur. La charge imposée par l'art. 385 est en effet une charge réelle, qui grève l'usufruit et l'amoindrit entre les mains du père ; ses créanciers, qui sont ses ayant-cause, sont obligés de la respecter. (*Conf.* Marcadé, tom. 2, sur l'art. 385 ; M. Demol., tome 6, n°° 530 à 542 ; M. Valette, sur Proudhon, tome 2, p. 254 ; Colmar, 27 janv. 1835, aff. Bœckel C. Franck : Dall., *Rép.*, v° *Puiss. pat.*, n° 165.)

§ 3. — La troisième charge imposée par l'art. 385 à l'usufruitier légal, c'est :

Le payement des arrérages ou intérêts des capitaux.

Et d'abord, il va de soi qu'il s'agit des arrérages et des intérêts qui courent à partir de l'ouverture de l'usufruit.

Mais il s'agit de savoir, et la question est fort controversée, si l'usufruitier légal sera également tenu de payer les arrérages et les intérêts qui étaient déjà dus au moment où sa jouissance a commencé.

Un premier système répond négativement, et veut que les arrérages et intérêts échus avant l'ouverture de la jouissance légale soient supportés par l'enfant et non par l'usufruitier. Son argumentation se résume en ceci, que les intérêts et les arrérages passifs sont des charges corrélatives aux intérêts et arrérages actifs, et que les premiers doivent être supportés par celui qui profite des seconds. Or, dit-on, si, avant l'ouverture de la jouissance légale, la succession échue à l'enfant était créancière de deux ou plusieurs années d'arrérages d'une rente active, le père, usufruitier légal, les percevrait-il? Nullement. Eh bien! il ne doit pas plus supporter les arrérages passifs qu'il ne doit recueillir les arrérages actifs.

Quelque juste et logique que paraisse cette doctrine, je ne l'admets pas, et je suis d'avis que les intérêts et arrérages passifs doivent être à la charge de l'usufruitier légal.

Une première raison de le décider ainsi dérive du texte même de notre art. 385. Le 1° de cet article impose à l'usufruitier légal « les charges auxquelles sont tenus les usufruitiers; » or l'usufruitier ordinaire est tenu des intérêts et arrérages qui échoient pendant la durée de sa jouissance. (Art. 608 et 610.) Si le législateur n'avait voulu imposer à l'usufruitier légal que la charge de ces intérêts, il eût été bien inutile d'ajouter une disposition expresse et spéciale, le 3° de l'art. 385. S'il l'a ajoutée, c'est qu'il entendait le grever d'une charge différente ou plus étendue.

Nous pouvons aussi, en faveur de notre doctrine, tirer un argument très-sérieux de notre ancien droit. Le gardien noble devait payer les dettes mobilières qui grevaient la succession échue au mineur, et notamment les arrérages passifs déjà échus. (V. page 141.) Il n'y a rien de surprenant à ce que les rédacteurs du Code,

15

imbus des principes du droit coutumier, les aient trans-
portés dans notre législation actuelle.

Ajoutons que le législateur, désireux de conserver
intacte la substance même du patrimoine des enfants,
ainsi que nous l'avons dit à propos d'une autre question, a pu, sans injustice, imposer à l'usufruitier légal
l'obligation de payer les arrérages échus, et cela d'autant plus que la jouissance légale peut parfaitement
être répudiée par le père, s'il trouve les charges supé-
rieures à l'émolument. (*Conf.* Marcadé, tome 2, sur
l'art. 385; M. Demol., tome 6, n° 544; M. Valette,
sur Proudhon, tome 2, page 256; tribunal d'Arras,
5 juin 1859 : Dall., Périod. 60, 3, 70. — *Contra* :
Nîmes, 9 juillet 1856, aff. Roux : Dall., Périod. 57,
2, 83.)

Ce que nous disons des intérêts des capitaux, nous
devons le dire également des arrérages de rentes foncières et de rentes viagères. Toutes les rentes aujour-
d'hui ne sont que des capitaux. (Art. 529, 1978, 1979.)

Mais par là même que l'art. 385 ne parle que des
arrérages et intérêts, il faut décider que l'usufruitier
légal ne doit pas être tenu de payer les loyers et fermages déjà échus avant l'ouverture de sa jouissance.

§ 4. — Enfin la quatrième charge imposée à l'usufruitier légal par l'art. 385, c'est le payement :

Des frais funéraires et de ceux de dernière maladie.

Mais de quelle personne ?

Il ne s'agit certainement pas ici, quoi qu'en dise
M. Delvincourt, des frais funéraires et de dernière maladie de l'enfant lui-même. D'une part, en effet, il serait

étrange de voir le législateur imposer spécialement à l'usufruitier légal l'obligation de payer les frais de la *dernière* maladie de l'enfant : est-ce qu'il ne doit pas payer les frais de toutes? Mais ce qui serait aussi étrange, ce serait de le voir mettre à la charge de l'usufruitier une dette qui prend naissance après l'extinction de l'usufruit, la dette des frais funéraires. N'est-ce pas une dette de la succession de l'enfant, qui doit être supportée par tous les héritiers indistinctement, et non pas par l'usufruitier légal seul?

Ce qui est à la charge de la jouissance légale, c'est le payement des frais funéraires et de dernière maladie de la personne à laquelle l'enfant a succédé. Et ce qui le prouve, c'est encore la tradition. Dans notre ancien droit, la dette dont nous parlons était imposée au gardien noble. Certaines Coutumes le disaient expressément. (Bourbonnais, art. 241; Nivernais, tit. 23, art. 7.) Mais, même dans les Coutumes qui gardaient le silence à cet égard, il était passé en jurisprudence que le gardien noble devait payer les frais funéraires et de dernière maladie de la personne à laquelle l'enfant avait succédé. (V. page 144.) C'est cette obligation que confirme le Code Napoléon, et dans les mêmes termes. (*Conf.* Marcadé, *loc. cit.*; M. Demol., n° 547; M. Valette, sur Proudhon, tome 2, page 259; Dalloz, *Répert. alphab.*, v° *Puiss. pat.*, n° 129; Caen, 20 déc. 1839, aff. Trubert C. Postel : Dall., *loc. cit.*; Douai, 22 juillet 1855, aff. Bergaigne : Dall., *Rec. périod.*, 55, 2, 83.)

Remarquons que si le défunt est l'un des époux, mariés en communauté, les frais de dernière maladie sont à la charge de la communauté; dans ce cas, par conséquent, l'usufruitier légal n'est plus tenu que des frais funéraires.

Dans les frais funéraires, dont parle l'art. 385, est toujours compris le deuil de la veuve : c'était en effet l'opinion de nos anciens auteurs qui mettaient ce deuil à la charge du gardien noble, en sorte que si la garde noble appartenait à la mère survivante, sa créance de deuil se trouvait éteinte par confusion. (V. *supra*, page 145.)

SECTION IV

Des modes d'extinction de l'usufruit légal.

L'usufruit légal prend fin par onze causes que nous allons parcourir successivement :

1° *Accomplissement de la dix-huitième année de l'enfant* (art. 384). — Quoique l'usufruit légal soit un attribut de la puissance paternelle, il ne dure pas autant que celle-ci. La puissance paternelle en effet ne cesse qu'à la majorité de l'enfant; la jouissance légale prend fin dès que l'enfant a accompli sa dix-huitième année. Le motif de la loi est manifeste ; elle n'a pas voulu que le père ou la mère s'opposât, par un sentiment d'intérêt personnel, à l'émancipation ou au mariage de l'enfant, et elle a supprimé cet intérêt.

Cette extinction de la jouissance légale ne fait pas obstacle à ce que le père, administrateur légal ou tuteur, ou bien la mère, tutrice, continue de percevoir les fruits et les revenus de l'enfant, mais à la charge de lui en rendre compte à l'époque de sa majorité.

2° *Émancipation du mineur* (art. 384). — Le père, (ou la mère, si le père est décédé), peut émanciper son enfant dès l'âge de quinze ans. L'émancipation résulte également du mariage. Dans l'un et l'autre cas, elle met fin à l'usufruit paternel.

Mais supposons que l'émancipation (autre que celle qui résulte *ipso facto* du mariage) soit révoquée, en vertu de l'art. 485. L'usufruit légal renaîtra-t-il?

Il est un point certain : c'est que les fruits et revenus perçus par l'enfant depuis son émancipation lui resteront acquis. La question est uniquement de savoir si la révocation de l'émancipation rendra au père le droit de percevoir les fruits et revenus qui écherront à partir de cette révocation.

Je le pense. On dit, il est vrai, dans le système opposé, que les père et mère, ayant volontairement renoncé à leur usufruit légal, ne doivent pas le recouvrer, que la révocation de l'émancipation est toute dans l'intérêt de l'enfant, et que le père ou la mère n'en doit retirer aucun lucre. Mais ces raisons me touchent peu. La renonciation du père à son usufruit légal n'était qu'une conséquence de l'émancipation; celle-ci étant révoquée, la puissance paternelle revit, et avec elle ses attributs, au nombre desquels se trouve l'usufruit légal. Voyons en effet quels sont les termes de l'art. 485 :
« Tout mineur émancipé, dit-il, dont les engagements
» auraient été réduits en vertu de l'article précédent,
» pourra être *privé du bénéfice de l'émancipation*,
» laquelle lui sera *retirée*, en suivant les mêmes formes
» que celles qui auront eu lieu pour la lui conférer. »
L'un des *bénéfices* dont il doit être privé, c'est évidem-

ment la décharge de l'usufruit légal qui résultait de son émancipation.

Maintenant, la révocation de l'émancipation a-t-elle lieu, comme on le dit, dans l'intérêt de l'enfant, ce qui exclurait l'idée que l'usufruit paternel doit renaître ? Sans doute, cette révocation est, dans un sens, favorable à l'enfant, puisqu'elle l'empêchera, jusqu'à sa majorité, de contracter des engagements ruineux ; mais ce qu'il ne faut pas perdre de vue, aussi, c'est qu'elle présente un certain caractère de correction, ce qui justifierait la solution que nous adoptons. (*Conf.* M. Demol., tom. 6, n° 555 ; M. Valette, sur Proudhon, tom. 2, pag. 445 ; Dalloz, *Répert.* v° *Minorité,* n° 854. — *Contra* : Marcadé, tom. 2, sur l'art. 387.)

Si, après l'émancipation, le père ou la mère continue d'administrer, il doit compte à l'enfant des revenus et des fruits perçus depuis le jour de l'émancipation.

On se demande si les créanciers du père ou de la mère seraient fondés à faire révoquer l'émancipation, sous le prétexte qu'elle contiendrait une renonciation frauduleuse à l'usufruit légal. Merlin est d'avis qu'ils sont recevables dans cette demande. D'autres auteurs (Dalloz, v° *Minorité,* n° 855) en font une question de fait que les tribunaux décideraient d'après les circonstances. Mais, pour mon compte, je crois que jamais les créanciers de l'usufruitier légal ne peuvent critiquer l'émancipation qu'il a jugé convenable de faire : c'est là un droit tout personnel, qu'il doit pouvoir exercer en toute liberté, et dans l'exercice duquel les créanciers ne doivent pas s'immiscer (*Conf.* Marcadé, *loc. cit.*)

3° *Divorce.* (Art. 386.) — Quid *de la séparation de*

corps ? — Le divorce mettait fin à la jouissance légale de l'époux contre lequel il était prononcé ; mais comme il a été aboli par la loi du 8 mai 1816, faut-il dire aujourd'hui de la séparation de corps ce que l'art. 386 disait du divorce ? On est d'accord pour refuser de faire cette extension. Le divorce, en effet, dissolvait le mariage, et c'était parce que le mariage était dissous que la jouissance légale prenait fin. Il n'en est pas de même de la séparation de corps : elle laisse subsister le mariage. Dès lors, la jouissance légale appartiendra toujours au père pendant le mariage, et après la dissolution du mariage, à la mère.

4° *Convol de la mère à de nouvelles noces.* (Art 386.) — Disons tout de suite que si le nouveau mariage de la mère met fin à son usufruit légal, cette déchéance n'est pas attachée au nouveau mariage du père. Quelle est la raison de cette différence ? M. Réal, dans son Exposé des Motifs (séance du 23 ventôse an XI), indique comme raison « l'inconvenance qu'il y aurait à établir « que la mère peut porter dans une autre famille les « revenus des enfants du premier lit, et enrichir ainsi, « à leur préjudice, son époux. » Il n'en est pas de même du mari : c'est lui qui est le chef de la société conjugale et qui dispose des revenus. La femme, au contraire, quel que soit le régime adopté, est obligée de verser entre les mains du mari les revenus qu'elle perçoit, ou même c'est son mari qui les perçoit lui-même : en droit, sous le régime de la communauté, sous le régime exclusif de communauté, sous le régime dotal ; et en fait, presque toujours du moins, sous le régime de la séparation de biens.

Enfin il y a probablement eu, ici encore, influence des traditions. Nous avons vu (*suprd*, page 150) que, dans plusieurs Coutumes, le convol de la gardienne noble faisait cesser la garde, tandis qu'il n'en était pas de même du nouveau mariage du gardien.

Le second mariage de la mère fait cesser son usufruit légal d'une manière absolue et pour toujours ; il ne renaît pas à son profit, quand même elle redeviendrait veuve avant que ses enfants aient accompli leur dix-huitième année.

Cette solution, il est vrai, a été contestée, sous le prétexte que les motifs de la loi, à savoir que les revenus des enfants passent, pendant la durée d'un second mariage, entre les mains d'étrangers, n'ont de force que pendant ce mariage; dès qu'il est dissous, il faut revenir, dit-on, au régime suivi avant sa célébration, c'est-à-dire rendre à la mère redevenue veuve l'usufruit légal.

Ce serait très-juste, si tel était le seul et unique motif de la déchéance; mais ce n'est pas le seul, car ne pourrions-nous pas y rencontrer également une idée de convenance, analogue à celle qui a fait, entre autres causes, édicter l'art. 228? Et puis, dans tous les cas, la loi seule peut lever une déchéance qu'elle a prononcée : or aucun texte ne confirme l'opinion adverse. Bien plus, le texte même de l'art. 386 est aussi absolu que possible : « la jouissance *cessera....* » Enfin la pensée de la loi subsiste lorsque la mère qui s'est remariée est redevenue veuve, car il peut y avoir des enfants du second lit.

Supposons maintenant que le second mariage de la mère vienne à être déclaré nul. Des auteurs, considé-

rant la privation de l'usufruit légal comme un des effets
civils du mariage, et non comme une peine infligée au
convol, déclarent que l'usufruit revit au profit de la mère.
(MM. Chardon et Vazeille.)

Une autre opinion consiste à distinguer selon que la
mère, en se remariant, était ou non de bonne foi. Si
elle était de bonne foi, dit-on, comme alors le mariage
produit des effets civils, l'usufruit légal est éteint. Si
elle n'était pas de bonne foi, c'est-à-dire si elle connais-
sait le vice de son mariage, le mariage ne produit aucun
effet civil, et dès lors l'usufruit légal continue d'exister
à son profit. (M. Duranton.)

Ces deux opinions, et surtout la dernière, ont été vi-
vement combattues, et avec raison. Nous devons dire
que le fait même de la célébration entraîne la cessation
de la jouissance légale à titre de punition : l'esprit de la
loi est clair. L'annulation d'un mariage n'empêche pas,
d'ailleurs, ce mariage d'avoir produit, pendant qu'il a
duré, certains effets, surtout s'il n'a été annulé que très-
longtemps après sa célébration, ce qui est le cas le plus
ordinaire. Pendant sa durée, le nouveau mari avait la
disposition des revenus des enfants, et c'est justement
ce que l'art. 386 a voulu empêcher.

Enfin, la distinction proposée entre le mariage contracté de bonne foi et le mariage contracté de mauvaise
foi est encore moins admissible. Elle aurait pour résultat de récompenser la femme qui se serait mariée en
connaissant le vice de son mariage, sous prétexte qu'un
tel mariage ne produit pas d'effets civils, tandis que ce
serait le contraire dans le cas de bonne foi. A ce compte,
« il faudrait, dit Marcadé, dire qu'un second mariage

» contracté pendant l'existence d'un premier étant tou-
» jours nul et ne pouvant produire *aucun effet*, la peine
» de la bigamie ne pourra *jamais* être appliquée à *per-*
» *sonne !...* » Cette comparaison suffit pour montrer
ce qu'aurait d'étrange l'application d'un pareil système.

Du reste, tout le monde est d'accord pour admettre
que la mère dont le mariage a eu lieu sous l'empire de
la *violence*, ne perd pas son usufruit légal. Cette décision se comprend à merveille, puisqu'il n'y a pas eu de
sa part consentement.

Nous arrivons à une question qui a également donné
lieu à controverse, et qui a été tranchée par des arrêts
en sens différent. Il s'agit de savoir si l'on doit priver
de l'usufruit légal de ses enfants légitimes la veuve qui,
sans être remariée, vit dans un état d'impudicité notoire ou de débauche publique.

Pour l'affirmative, on tire un argument *à fortiori* de
l'art. 386, qui prive de la jouissance légale la mère qui
se remarie. Si la loi, dit-on dans ce système, accorde
aux père et mère le droit de jouir des biens de leurs enfants, elle leur impose d'une autre part l'obligation non-
seulement de les nourrir et entretenir, mais encore de
les élever, expression qui rappelle, à elle seule, de
nombreux devoirs. S'il en est ainsi, il est conforme aux
règles de l'équité, aux principes du droit et à l'esprit de
la loi, que les père et mère cessent d'avoir l'usufruit des
biens de leurs enfants quand ils cessent de remplir leurs
obligations envers eux, soit qu'ils refusent de s'en occuper, soit qu'ils se soient volontairement mis dans
l'impossibilité de le faire. On ajoute, comme le fait un
arrêt de la Cour de Limoges, du 23 juillet 1824 (Dall.,

Répert., v° *Puiss. pat.*, n° 140), que le motif qui a
porté la loi à priver de son usufruit légal la mère qui
se remarie, c'est-à-dire l'intérêt des enfants en présence d'un nouveau mari, se retrouve ici bien plus
puissant encore, puisque la femme est soumise à une
dépendance encore plus absolue ; elle peut même alors
donner le jour à des enfants naturels qui seraient élevés
et enrichis aux dépens des revenus des enfants légitimes. On invoque encore, en ce sens, la doctrine
admise par notre ancien droit (V. page 150), et précédemment par le droit romain : *Non enim aliquid am-
plius habebit castitate luxuria.* (Novelle 39, ch. 2, § 1.)

Je ne crois pas devoir adopter cette doctrine, et, à
part le cas d'extinction de l'usufruit légal pour excitation des mineurs à la débauche, dont nous parlerons
tout à l'heure, je pense que l'état d'impudicité notoire
de la veuve, suivie même de la naissance d'enfants
naturels, ne doit pas la faire priver de sa jouissance
légale. Cette privation est une peine, et l'on ne peut pas
étendre une peine par analogie ; on ne peut pas, alors
qu'aucun texte ne l'ordonne, enlever à la veuve une
partie de son patrimoine. Aucun texte, disons-nous, ne
l'ordonne; et cependant, si la volonté du législateur
avait été d'appliquer cette peine, il l'eût fait, comme il
a, dans l'art. 335 du Code pénal, déclaré déchu de son
usufruit légal le père ou la mère qui a favorisé la prostitution et la débauche de ses enfants. Le silence de la loi
est donc significatif.

Je comprends bien, et j'en ai indiqué plus haut les
raisons, que la femme qui se remarie perde sa jouissance légale, mais y a-t-il, dans l'hypothèse qui nous

occupe, analogie? Pas le moins du monde. Quelle que soit la situation morale de la veuve qui se livre à la débauche, elle n'est pas, comme la femme mariée, soumise de droit et de fait à l'autorité d'un mari qui perçoit les revenus et les applique comme bon lui semble.

Redoute-t-on les mauvais exemples que les mineurs vont avoir sous les yeux? Mais l'art. 444 permet d'enlever à la veuve « d'une inconduite notoire » la tutelle et la garde de ses enfants.

Quant aux arguments que le système contraire tire des textes romains et de nos anciens auteurs, j'y répondrai par un mot. La Novelle 39, chap. 2, § 1er, avait simplement pour but d'enlever sa donation anténuptiale à la veuve qui met au monde un enfant plus de dix mois après le décès de son mari, l'assimilant en cela à la veuve qui se remarie ; elle infligeait une peine à la veuve qui ne veut pas respecter la mémoire de son mari, auteur de la donation anténuptiale. — Et maintenant, il est bien vrai que notre ancien droit privait de la garde noble la veuve qui se livrait à une débauche publique, mais la mesure principale était la privation de la garde des enfants; la privation de l'usufruit de leurs biens n'était que l'accessoire. (*Conf.* Aix, 30 juill. 1813 : Dall., v° *Puiss. pat.*, n° 141 ; M. Demol., n° 505 ; Marcadé, tome 2, art. 386. — *Contra :* Limoges, 16 juillet 1807, 2 avril 1810 et 23 juillet 1824 ; Lyon, 22 décembre 1829.)

5° *Défaut d'inventaire.* — L'art. 1442 s'exprime ainsi : « Le défaut d'inventaire après la mort naturelle » ou civile de l'un des époux, ne donne pas lieu à la » continuation de la communauté ; sauf les poursuites

» des parties intéressées, relativement à la consistance
» des biens et effets communs, dont la preuve pourra
» être faite tant par titres que par la commune renom-
» mée. — S'il y a des enfants mineurs, *le défaut d'in-*
» *ventaire fait perdre en outre à l'époux survivant la*
» *jouissance de leurs revenus;* et le subrogé-tuteur qui
» ne l'a point obligé à faire inventaire est solidairement
» tenu avec lui de toutes les condamnations qui peuvent
» être prononcées au profit des mineurs. »

L'époux survivant doit faire procéder à un inventaire régulier et fidèle : — régulier, c'est-à-dire dressé
par un officier public ; — fidèle et exact, c'est-à-dire
sans aucune omission volontaire, faite sciemment et de
mauvaise foi, car la déchéance ne doit pas être encourue
pour des omissions qui ne résulteraient que de l'ignorance ou de l'oubli. La déchéance n'est appliquée
qu'aux omissions de mauvaise foi, et dans ce cas elle
est absolue et générale. En vain argumenterait-on par
analogie des art. 792 et 801, pour dire que les effets
détournés seuls ne seront pas compris dans l'usufruit
légal ; car nous pourrions répondre par les mêmes articles, qui considèrent comme héritier pur et simple, à
l'égard de la succession entière, l'héritier dont l'inventaire a été infidèle.

Maintenant, dans quel délai doit être fait l'inventaire
pour que la déchéance de l'usufruit légal ne soit pas
encourue?

Plusieurs opinions se sont produites.

D'après une première opinion, enseignée par Proudhon, si l'inventaire est fait dans le délai de trois mois,
ou dans le délai accordé par le juge, l'époux survivant

a droit à la jouissance légale à partir de la mort du prédécédé. — S'il n'est fait qu'après les trois mois ou qu'a-
près le délai accordé par le juge, mais qu'il soit néanmoins possible de constater d'une manière exacte la
consistance de la communauté, la jouissance légale
pourra encore être exercée, mais seulement à partir de
la confection de l'inventaire. — Si enfin l'inventaire
est fait d'une manière tout à fait tardive, et de telle sorte
qu'il soit impossible de constater régulièrement la consistance de la communauté, qu'il soit nécessaire de re-
courir à la preuve par commune renommée, alors la
jouissance légale est complétement perdue pour l'époux
survivant, et dans le passé et dans l'avenir. (Proudhon,
De l'usufruit, tome 1er, nos 170 et suiv.)

D'après une seconde opinion, l'inventaire est-il fait
dans les trois mois, ou dans la prorogation de délai accordée par le juge, la jouissance légale s'exerce pour
l'époux survivant à partir de la mort du prédécédé. Mais
passé ce délai, la jouissance est complétement perdue,
sans qu'il y ait lieu de faire les distinctions proposées
par le premier système. Le motif indiqué par les partisans de cette doctrine est qu'il faut à l'obligation,
imposée par la loi, de faire inventaire, une sanction éner-
gique, et cela dans l'intérêt des enfants. C'était, ajoute-
t-on, le système adopté dans notre ancien droit : *Arrêtés*
de Lamoignon, tit. de l'*État des personnes*, n° 35. (Marcadé, tome 5, sur l'art. 1442.)

Enfin une troisième opinion, adoptant, comme les
deux premières, le délai de trois mois pour la confection de l'inventaire, est néanmoins d'avis que ce délai
ne doit point être fatal, et que, suivant les circon-

stances, les tribunaux appelés à statuer sur la déchéance de l'usufruit légal pourront maintenir dans son usufruit l'époux survivant.

Je crois que cette doctrine est préférable, et le motif qui me paraît dominant, c'est qu'avant tout la déchéance de l'usufruit légal est une peine. Or l'art. 1442 prononce bien cette peine contre l'époux survivant qui a négligé de faire inventaire, mais sans déterminer le délai dans lequel on doit y procéder. Si l'on arrive à adopter le délai de trois mois, c'est uniquement par suite d'une interprétation doctrinale, basée sur des analogies, mais c'est aussi une raison pour laquelle il ne me semble pas possible de prononcer une peine rigoureuse, une disposition pénale ne pouvant s'étendre par analogie.

La jurisprudence a fait l'application de ces principes, notamment dans un arrêt de la Cour de Caen, du 18 août 1842, aff. Hubert C. Tralley (Dall., *Répert.*, v° *Contrat de mariage*, n° 1600). Dans l'espèce, l'inventaire n'avait pas été fait dans le délai de trois mois, à cause d'une indisposition du notaire. La Cour a décidé, avec raison, que, puisqu'il n'y avait ni faute ni négligence à imputer à l'époux survivant, celui-ci ne devait pas être déclaré déchu de son usufruit légal. (*Conf.*, M. Demol., tome 6, n° 573).

L'art. 1442 fait naître une autre question. Cet article est-il applicable sous tous les régimes de mariage?

Je crois qu'il ne doit recevoir son application que sous le régime de la communauté, soit légale, soit conventionnelle, et que la sanction qu'il édicte ne peut s'étendre aux autres régimes : d'exclusion de communauté, de séparation de biens, ou dotal.

Pour faire cette extension, l'argument principal de la doctrine adverse consiste à décomposer l'art. 1442 en deux parties distinctes, dont l'une aurait pour but de sanctionner l'obligation imposée à l'époux survivant de faire inventaire, et la seconde de sanctionner l'obligation imposée au père et à la mère. Ainsi, dans ce système, la première partie de l'art. 1442 serait limitée à la communauté, l'autre s'étendrait à tous les régimes.

Il est évident, au contraire, que les deux parties de cet article ont trait à la même hypothèse, et c'est ce que démontre le texte lui-même, puisque, après avoir parlé du défaut d'inventaire des biens de la communauté dans sa première partie, il ajoute dans la seconde que ce défaut d'inventaire fait perdre *en outre* à l'époux survivant la jouissance des biens de ses enfants.

Cette identité résulte également des Travaux Préparatoires et des motifs qui ont déterminé le législateur à substituer la déchéance de l'usufruit légal à la *continuation de communauté* que nos Coutumes infligeaient comme peine à l'époux survivant qui avait négligé de faire inventaire. Les rédacteurs du Code ont rejeté la continuation de communauté, à cause des complications que cette situation entraînait, et des difficultés nombreuses et inévitables qui surgissaient lorsqu'il fallait liquider une pareille situation. « La loi peut infliger des peines, » disait M. Berlier au Corps Législatif, mais son auto- » rité ne doit point faire violence à la nature des choses. » Qu'arrivait-il quand l'époux survivant se remariait ? » Que le nouvel époux entrant dans la société y prenait

» une part qui faisait décroître celle des autres associés,
» et on opérait la division, non plus en deux, mais en
» trois parties. Tant d'embarras ne doivent point re-
» naître.... Si les enfants sont mineurs, leur subrogé-
» tuteur qui aura négligé de faire procéder à l'inven-
» taire, en deviendra personnellement responsable envers
» eux, *et l'époux survivant perdra de plus les droits que*
» *la loi lui accordait sur les revenus de ses enfants.*
» *Voilà la peine.* Dans tous les cas, la preuve par com-
» mune renommée sera admise, etc. »

La loi a donc *infligé une peine,* suivant les paroles de
l'orateur du gouvernement ; mais comme il s'agit d'une
peine, il faut la restreindre dans les limites que la loi
elle-même a posées. En un mot, le défaut d'inventaire
de la part de l'époux survivant n'entraînera la perte de
l'usufruit légal que sous le régime de la communauté.—
Mais, dans ce cas, le droit même d'usufruit est éteint ;
par conséquent, le père ou la mère ne pourra même pas
l'exercer sur les autres biens déjà acquis ou que l'enfant acquerra par la suite.

6° *Mort du survivant des père et mère.* — Le décès de
l'usufruitier éteint le droit d'usufruit (art. 384 et 617).
Nous avons déjà dit que pendant le mariage, c'est le
père qui a l'usufruit légal, et qu'après sa mort, ce droit
passe à la mère. La jouissance légale est éteinte après
la mort du survivant.

7° *Mort de l'enfant.* — La mort du mineur mettait
fin au droit de garde noble. C'est cette disposition que
les rédacteurs du Code ont transportée dans notre législation, laissant, par conséquent, de côté les principes
romains sur le pécule adventice, suivant lesquels l'usu-

fruit·de ce pécule demeurait au père, tant qu'il vivait, malgré même le prédécès de son fils.

Il est vrai qu'aux termes de l'art. 620, « l'usufruit accordé jusqu'à ce qu'un tiers ait atteint·un âge fixe dure jusqu'à cette époque, encore que ce tiers soit mort avant l'âge fixé ; » mais cet article ne fait, en aucune manière, échec à la décision précédente, car l'enfant n'est pas un tiers, c'est le propriétaire des biens soumis à l'usufruit légal. Et ce qui le prouve, c'est l'art. 754, qui accorde aux père et mère de l'enfant mort sans postérité l'usufruit du tiers des biens auxquels ils ne succèdent pas en pleine propriété.

Il a été jugé que le père qui a perdu, par la mort de son enfant, l'usufruit légal que la loi lui accordait sur les biens de ce dernier, et qui cependant a continué d'en jouir, ne peut être réputé possesseur de bonne foi, et par suite affranchi de la restitution des fruits. (Rej. 18 nov. 1806, aff. Gauterie ; Req. 5 aout 1812, aff. Guy : Dall. *Rép.*, v° *Puissance pat.*, n° 148.)

8° *Renonciation de l'usufruitier légal.* — De même que l'usufruit ordinaire, l'usufruit légal peut cesser par la renonciation de l'usufruitier. Il est de règle, en effet, que l'on peut renoncer à ses droits privés, et il n'y a aucune raison pour faire ici une exception à la règle générale.

La renonciation peut être faite non-seulement à l'ouverture de la jouissance légale, mais encore pendant sa durée. On ne peut pas objecter que l'acceptation une fois faite donne naissance entre l'usufruitier légal et ses enfants à un quasi-contrat qui la rend irrévocable ; car, quoique nous ayons constaté entre l'usufruit ordinaire et l'usufruit légal certaines différences, cependant les ressemblances qui les unissent sont encore telles que, dans tous les cas où une raison spéciale de décider ne se montrera pas, il faudra compléter par les règles de l'usufruit ordinaire celles de l'usufruit légal. Or l'usufruit ordinaire peut cesser par la renonciation que fait le titulaire pendant la durée de sa jouissance; et nous n'avons aucun texte qui, pour l'usufruit légal, déroge sur ce point aux principes généraux.

Nous avons dit (*supra*, page 112) que le gardien noble pouvait accepter la garde de l'un ou de quelques-uns des enfants mineurs, et renoncer à celle des autres : c'était la solution qui avait prévalu. Aujourd'hui, rien ne nous empêche de décider que le père ou la mère peut accepter l'usufruit légal des biens de l'un de ses enfants et renoncer à celui des autres.

Lorsque la renonciation se produit pendant la durée de la jouissance légale, quels en sont les effets? En d'autres termes, cette renonciation a-t-elle effet non-seulement dans l'avenir, mais même dans le passé, et l'usufruitier légal peut-il, en restituant les fruits et revenus qu'il a perçus, se décharger des obligations que la loi lui a imposées?

Ainsi, en acceptant l'usufruit légal, il s'oblige d'acquitter, comme nous l'avons vu plus haut : 1° les frais funéraires et de dernière maladie du *de cujus*; 2° les intérêts et arrérages dus par le *de cujus* et ceux qui échoient pendant la durée de l'usufruit; 3° les frais d'entretien et d'éducation du mineur; 4° les charges ordinaires des usufruitiers (art. 385). Plus tard, il renonce à son usufruit légal; il offre de restituer les fruits et revenus qu'il a déjà perçus ; la question est de savoir s'il rentrera dans les impenses mises à sa charge par l'art. 385, et dont nous venons de faire l'énumération.

Les charges de l'usufruit légal, dit-on dans un premier système (MM. Zachariœ, Aubry et Rau, tome IV, page 613), sont des charges réelles qui ne sont dues que *propter rem*. Dès lors, l'usufruitier peut s'en délivrer en abandonnant les revenus qu'il a perçus. Après cet abandon, en effet, son obligation n'a plus de cause, puisqu'il n'est pas débiteur personnel, pour ainsi dire, et qu'il n'est débiteur que comme détenteur.

Je ne pense pas que cette doctrine doive être admise. Les charges de l'usufruit légal sont bien, il est vrai, des charges réelles, et dont on peut se délivrer *pour l'avenir*, en faisant l'abandon de la jouissance. Mais ce qui est vrai aussi, c'est que cette jouissance a existé dans le passé ; la renonciation que fait l'usufruitier ne peut effacer les effets qu'elle a produits ; en un mot, elle éteint le droit pour l'avenir, mais elle n'entraîne pas sa résolution rétroactive. En conséquence, malgré sa renonciation, l'usufruitier légal restera tenu des charges contemporaines de sa jouissance, c'est-à-dire : 1° des frais funéraires et de dernière maladie ; 2° des intérêts et arrérages encore dus par le défunt ; 3° des intérêts et arrérages échus depuis l'ouverture de la jouissance légale jusqu'à la renonciation ; 4° des frais d'entretien et d'éducation, et des charges usufructuaires qui correspondent à la durée de sa jouissance.

Mais, en revanche, sa jouissance aura été effective depuis l'ouverture du droit, et il conservera les fruits et

les revenus qu'il aura perçus jusqu'à l'époque de sa renonciation.

Cette décision est très-grave assurément pour l'usufruitier légal, mais il faut songer aussi qu'il aura à
subir les mêmes chances dans tous les cas où l'usufruit
légal viendra à s'éteindre peu de temps après son ouverture, et par toute autre cause que par la renonciation
de l'usufruitier. D'ailleurs, il est libre d'accepter ou de
refuser cet usufruit au moment où il lui est déféré. Il
y a là quelque chose d'aléatoire, c'est à lui à bien peser
toutes les chances favorables ou contraires de nature à
influer sur sa détermination. (*Conf.* M. Demol., tome 6,
nᵒˢ 590 et 591 ; Dalloz, *Répert.*, vᵒ *Puiss. pat.*, nᵒ 150 ;
Lyon, 16 février 1835, aff. De Glavenas C. De Chatelus : Dall., *loc. cit.*, nᵒ 151.)

Quant à la question de savoir si les créanciers de
l'usufruitier légal peuvent attaquer sa renonciation,
nous l'examinerons à la section suivante.

9ᵒ *Abus de jouissance de la part de l'usufruitier légal.*
— Devons-nous appliquer à l'usufruit légal ce que
l'art. 618 dit de l'usufruit ordinaire? Voici les termes
de cet article : « L'usufruit peut aussi cesser par l'abus
» que l'usufruitier fait de sa jouissance, soit en com-
» mettant des dégradations sur le fonds, soit en le lais-
» sant dépérir faute d'entretien. — Les créanciers de
» l'usufruitier peuvent intervenir dans les contesta-
» tions, pour la conservation de leurs droits ; ils peuvent
» offrir la réparation des dégradations commises, et des
» garanties pour l'avenir. — Les juges peuvent, sui-
» vant la gravité des circonstances, ou prononcer l'ex-
» tinction absolue de l'usufruit, ou n'ordonner la ren-

» trée du propriétaire dans la jouissance de l'objet qui
» en est grevé que sous la charge de payer annuelle-
» ment à l'usufruitier, ou à ses ayant-cause, une
» somme déterminée jusqu'à l'instant où l'usufruit au-
» rait dû cesser. »

Cette cause d'extinction qui, du reste, était appliquée
autrefois en matière de garde noble, doit, selon nous,
être étendue au cas d'usufruit légal, et il y a même,
pour le décider, un argument, *à fortiori*, à tirer de la
nature et du caractère de la jouissance légale, comparée
à l'usufruit ordinaire. Celui-ci, en effet, est le plus généralement constitué à titre onéreux ; la résolution d'un
pareil droit est une mesure très-grave et très-rigoureuse
pour l'usufruitier. S'agit-il, au contraire, de la jouissance
légale, cette rigueur n'est plus aussi grande, car on
peut bien demander au titulaire, en retour de l'émolument qui lui est accordé, une sollicitude et une diligence
plus grandes, des soins plus attentifs, qu'à l'usufruitier ordinaire, lequel a presque toujours, comme nous
le disions, acheté son droit à prix d'argent. Et puis,
d'ailleurs, nous savons quelles précautions prend la loi
pour assurer aux mineurs la conservation de leur patrimoine. (V. page 107.)

Mais, quoi qu'il en soit, il ne faut pas oublier non
plus que l'usufruitier légal, c'est le père ou la mère, et
qu'on doit à sa qualité certains ménagements. Aussi
pensons nous que les tribunaux devront, autant que
possible, ordonner les mesures édictées par le dernier
paragraphe de notre art. 618, plutôt que la déchéance
rigoureuse et absolue que prononce la première disposition de ce même article.

Passons à une autre hypothèse. Le père ou la mère, usufruitier légal, ne se rend pas coupable d'abus de jouissance en dégradant les biens soumis à son usufruit, mais il n'accomplit pas les différentes obligations que lui impose l'art. 385 : payement des arrérages et intérêts, entretien et éducation de l'enfant, etc. Que déciderons-nous ? Lui enlèverons-nous son usufruit légal pour inexécution des charges?

Oui, dit-on dans une première opinion. Il y a corrélation entre les charges que la loi impose au père ou à la mère, usufruitier légal des biens de ses enfants, et l'émolument qu'elle lui accorde. Les charges sont la condition de la libéralité faite par la loi, ou plutôt même elles en sont la cause. Il y a donc là quelque chose de synallagmatique. Or il est de principe que, dans les contrats synallagmatiques, le défaut d'exécution de la part de l'une des parties entraîne la résolution du contrat : la condition résolutoire est même sous-entendue et n'a pas besoin d'être exprimée (art. 1184). — On ajoute enfin que telle était la doctrine admise dans notre ancien droit, en matière de garde noble, et que les rédacteurs du Code Napoléon n'ont sans doute pas entendu y déroger. (V. *supra*, page 150.)

Je n'accepte pas cette doctrine ; et pour nous débarrasser d'abord des précédents historiques, je ferai remarquer que l'émolument attaché à la garde noble par nos Coutumes n'était qu'un accessoire de la garde, et que la destitution de la garde noble entraînait forcément, comme conséquence, la privation de cet émolument. Au contraire, notre question suppose que le père ou la mère conserverait sa puissance paternelle, mais serait privé seulement de l'usufruit légal. J'ajoute que, quand même il y aurait même raison de décider dans notre droit actuel qu'autrefois, nous ne pourrions néanmoins pas appliquer une déchéance par voie d'interprétation historique, alors qu'aucun texte ne la prononce.

Quant à l'argument qu'on veut tirer, dans l'opinion contraire, des principes généraux du droit sur les contrats synallagmatiques, je crois qu'il porte à faux. On prétend que la loi fait une libéralité au père ou à la mère, libéralité qui aurait pour *cause* les charges dont parle l'art. 385. Je ne crois pas que ce soit exact : la véritable cause, c'est tout simplement la puissance paternelle; c'est aussi, si l'on veut, comme nous l'avons dit déjà dans la première section, le désir d'éviter des comptes compliqués entre le père ou la mère et les enfants. Sans doute, la loi a imposé au père, en retour de cet avantage, diverses obligations, mais ce n'est là que l'accessoire; et l'inexécution de ces charges ne devra pas entraîner la déchéance de l'usufruit légal.

Est-ce à dire qu'il n'y aura aucun moyen de contraindre le père (ou la mère), usufruitier légal, à accomplir les charges de l'art. 385, et que cet article manquera de sanction? En aucune façon. Car, si nous n'admettons pas que cette sanction soit la déchéance absolue, il n'y a aucune raison de refuser certaines garanties dans l'intérêt de l'enfant, certaines mesures conservatoires qui, tout en laissant au père ou à la mère le droit même d'usufruit légal, lui en enlèveront *l'exercice*.

Nous supposerons maintenant que l'usufruitier légal accomplit les charges de l'art. 385, mais qu'il est d'une inconduite notoire, ou qu'il a des habitudes de débauche et de dissipation. Dans cette situation, nous avons à examiner la question de savoir si l'art. 618 est applicable, c'est-à-dire si l'on peut déclarer l'usufruitier déchu de sa jouissance légale, ou tout au moins prendre des mesures conservatoires.

La question sera, sans hésitation, résolue affirmativement par ceux qui pensent que la mère, destituée de la tutelle pour inconduite notoire, est par là même déchue de son usufruit légal.

Mais nous n'avons pas adopté cette opinion, et dès lors, pour nous la question reste entière. L'art. 618, nous le savons, prévoyant le cas où l'usufruitier, par des dégradations et un abus de jouissance, met en péril la substance des biens, prononce contre lui la déchéance absolue, ou permet aux tribunaux d'ordonner des mesures conservatoires. Dans la question qui nous occupe, je repousse d'une manière absolue la déchéance. La déchéance, en effet, je le répète, est une peine, et nous ne pouvons pas étendre une peine au delà du texte qui la prononce : or l'art. 618 ne prévoit que le cas où des abus ont déjà été commis, et non le cas où il y a seulement danger qu'ils le soient.

Et quant aux mesures conservatoires édictées par la fin de l'art. 618, les appliquerons-nous ici?

Je distingue. Ou bien il n'y a aucun péril à redouter, pour les biens, de l'inconduite de l'usufruitier, ou bien son inconduite met les biens en péril. Dans la première hypothèse, je n'hésite pas à dire que l'usufruitier légal ne doit pas même être privé de *l'exercice* de son droit d'usufruit, et cela quand bien même il serait privé de

la garde de ses enfants. Pour quel motif, en effet, vien-
drait-on lui enlever l'exercice de son droit? En vain
dirait-on que l'art. 385, qui impose à l'usufruitier légal
les frais d'entretien et d'éducation du mineur, en a, par
cela même, fait une obligation corrélative à la garde
des enfants; car cet article ne prévoit que l'hypothèse
la plus commune; il statue *de eo quod plerumque fit*,
et l'on ne peut pas en conclure que le père, auquel on
a enlevé la garde de ses enfants, sera privé, par voie de
conséquence, de la possession et de la jouissance de
leurs biens, en nature.

Dans la deuxième hypothèse, au contraire, le père ou
la mère ne sera pas, il est vrai, privé de l'usufruit légal,
peine qui ne peut s'appliquer qu'à des abus *déjà commis*,
mais il pourra être privé au moins de *l'exercice* de ce
droit. Le danger auquel sont exposés les biens du mineur justifie les mesures de garantie qu'ordonnera le
tribunal saisi de l'affaire.

C'est ainsi qu'il a été jugé, conformément à ce que
nous venons de dire, que la mère survivante, qui s'est
démise de la tutelle, ou en a été déclarée indigne ou incapable, peut, à raison du péril que son administration
ferait courir à la substance des biens du mineur, être
privée de l'exercice personnel de son droit d'usufruit
légal, sauf au tuteur nommé à lui faire compte du produit net des biens soumis à son usufruit, sous déduction
des charges de la tutelle. (V. les considérants d'un arrêt
de rejet de la Cour de cassation, chambre des Requêtes,
en date du 19 avril 1843, aff. Laparra : Dall., *Répert.*,
v° *Puiss. pat.*, n° 159.)

La solution qui précède n'est pas en contradiction

avec la disposition de l'art. 601, aux termes duquel les père et mère qui ont l'usufruit légal des biens de leurs enfants sont dispensés de donner caution. La dispense de caution ne s'applique, en effet, qu'à l'ouverture de la jouissance légale ; elle a été édictée afin que la pauvreté des parents ne fût pas un obstacle à l'exercice de leurs droits ; mais rien n'empêche que, dans le cours de la jouissance, et alors que les désordres de l'usufruitier légal mettent en péril la fortune des enfants, une caution puisse être exigée.

Dans le cas de déconfiture ou de faillite de l'usufruitier légal, il peut y avoir lieu, suivant les circonstances, de nommer un tiers-administrateur. Les tribunaux statueront *ex æquo et bono*, pour le plus grand intérêt de l'enfant.

10. *Indignité.* — Lorsque les enfants viennent à une succession, de leur chef, à la place de leurs père et mère exclus comme indignes, ceux-ci ne peuvent exercer leur usufruit légal sur les biens qui composent cette succession. (Art. 730.)

Nous ne mentionnons ici que pour mémoire cette cause d'extinction, ou plutôt de non-ouverture, de l'usufruit légal ; pour les détails, il suffit de se reporter à la section 2° (page 217).

11° *Prostitution ou corruption favorisée par les père et mère.* — Voici les termes des articles 334 et 335 du Code pénal :

« Art. 334. — Quiconque aura attenté aux mœurs, en excitant, favorisant ou facilitant habituellement la débauche ou la corruption de la jeunesse de l'un ou de l'autre sexe au-dessous de l'âge de vingt-un ans, sera puni d'un emprisonnement de six mois à deux ans, et d'une amende de cinquante francs à cinq cents francs. — Si la prostitution ou la corruption a été excitée, favorisée ou facilitée par leurs pères, mères, tuteurs ou autres personnes chargées de leur surveillance, la peine sera de deux ans à cinq ans d'emprisonnement, et de trois cents francs à mille francs d'amende.

« Art. 335. — Les coupables du délit mentionné au précédent article seront interdits de toute tutelle ou curatelle, et de toute participation aux conseils de famille ; savoir les individus auxquels s'applique le premier paragraphe de cet article, pendant deux ans au moins et cinq ans au plus, et ceux dont il est parlé au second paragraphe, pendant dix ans au moins et vingt ans au plus. — *Si le délit a été commis par le père ou la mère, le coupable sera de plus privé des droits et avantages à lui accordés sur la personne et les* BIENS *de l'enfant par le Code civil, liv. 1er, tit. IX, de la Puissance paternelle.* — Dans tous les cas, les coupables pourront de plus être mis, par l'arrêt ou le jugement, sous la surveillance de la haute police, en observant, pour la durée de la surveillance, ce qui vient d'être établi pour la durée de l'interdiction mentionnée au présent article. »

SECTION V

Étendue du droit de jouissance légale par rapport aux créanciers. — Quelles actions leur compétent.

La loi n'accorde l'usufruit légal aux père et mère que sous certaines charges; nous les avons énumérées plus haut. Les enfants ont donc aussi un droit, qu'ils peuvent invoquer contre les tiers. Ainsi les créanciers de l'usufruitier légal peuvent assurément saisir le droit de jouissance qui se trouve dans le patrimoine de leur débiteur, mais à la condition de respecter le droit des enfants ; aussi, si le père ou la mère n'a pas, d'un autre côté, des biens suffisants pour garantir l'accomplissement des obligations que la loi lui impose en faveur des enfants, ceux-ci peuvent faire assigner sur l'objet saisi une somme pour y pourvoir.

Il a été jugé, par un arrêt récent de la Cour de cassation, qui casse *parte in quâ* un arrêt de Riom du 3 août 1863, que : La privation prononcée par l'art. 1442 C. Nap., contre l'époux survivant qui n'a pas fait inventaire, de la jouissance des revenus de ses enfants mineurs, confère à ceux-ci, sur les revenus que perd ainsi l'époux survivant, un *droit personnel* en vertu duquel ces revenus, même provenant de biens ou créances recueillis dans la succession du conjoint prédécédé, leur appartiennent en propre, et non pas comme héritiers de ce conjoint. Par suite, les revenus dont il s'agit, garantis par l'hypothèque pupillaire des mineurs, et non par l'hypothèque légale de leur mère, *ne sont pas compris dans les reprises affectées au créancier du mari que la femme a subrogé dans son hypothèque légale.* (Cassat., ch. civile, 9 août 1865, aff. Préverand C. Pic : Dall., *Recueil périodique*, année 1866, 1, 33.)

L'usufruitier légal, pour les charges que lui impose l'art. 385, peut être poursuivi directement par les créanciers ; mais il ne faut pas oublier qu'il n'est qu'usufruitier, et que le véritable et seul héritier du *de cujus*, c'est le mineur. Nous en conclurons que toutes les exceptions que l'enfant pourra invoquer, l'usufruitier légal pourra les invoquer également, et notamment les effets attachés au bénéfice d'inventaire. Une autre conclusion à tirer, c'est que, par la renonciation que l'usufruitier légal fait de son droit, il échappe aux poursuites directes des créanciers, sauf à régler avec le min   s conséquences de cette renonciation, si, par suite de cet acte, l'enfant a été obligé de payer *de suo* une dette qui aurait dû l'être par l'usufruitier. En un mot, il n'y a pas novation par suite de l'acceptation de la jouissance légale; il en était ainsi en matière de garde noble, dans notre droit coutumier; et aucun texte aujourd'hui n'est venu déroger à cette règle.

Il a été jugé qu'il suffit que les revenus des biens dont le père a l'usufruit légal soient entièrement absorbés par les frais d'entretien et d'éducation des enfants, pour que les créanciers personnels du père ne puissent pas faire procéder à la saisie de ces revenus. (Colmar, 27 janvier 1835, aff. Bœckel C. Franck : Dall., *Répert.*, v° *Puiss. pat.*, n° 165.)

Mais les fruits et revenus sont dans le patrimoine du père; dès lors ses créanciers personnels peuvent, en principe, se faire attribuer les intérêts de l'usufruit légal en payement de ce qui leur est dû par l'usufruitier. Ils peuvent, par conséquent, former des saisies-arrêts et des saisies-brandons, sauf à faire ensuite, sur le produit, déduction des frais d'entretien et d'éducation du mineur. (*Conf.* M. Demol., tome 6, n° 528; Marcadé, tome 2, sur l'art. 385; M. Valette, sur Proudhon, tome 2, page 256. — *Contra* : Bordeaux,

19 juin 1849, aff. Juzeaud : Dall., *Rec. périod.*,
1840, 2, 22.)

Dans ces limites, les créanciers personnels du père
peuvent, s'ils sont débiteurs de l'enfant, opposer la
compensation. (*Conf.* trib. de Castel-Sarrazin, 22 juin
1850, aff. Nougarolis C. Decazeneuve.)

Les créanciers personnels du père ou de la mère,
usufruitier légal, peuvent-ils attaquer la renonciation de
celui-ci, comme faite en fraude de leurs droits? Dans
notre ancien droit, c'était une question controversée
que celle de savoir si la renonciation du gardien noble
était attaquable. Mais aujourd'hui que faut-il décider?

L'art. 622, statuant pour le cas de la renonciation à
l'usufruit ordinaire, s'exprime ainsi : « Les créanciers
» de l'usufruitier peuvent faire annuler la renonciation
» qu'il aurait faite au préjudice de leurs droits. » Si
nous supposons le cas où l'usufruitier légal renonce à
son droit directement, et sans que l'extinction de l'usufruit soit le résultat de l'émancipation, je pense que l'on
doit appliquer l'art. 622, qui, lui-même, n'est qu'une
application du principe général posé dans l'art. 1167.
Je suis donc d'avis que les créanciers personnels du
père pourront, dans cette hypothèse, exercer l'action
Paulienne, et faire annuler la renonciation qu'il aura
faite, si toutefois ils se trouvent dans les conditions
exigées pour l'exercice de cette action. C'est, en effet,
une action subsidiaire, que l'on ne peut intenter que
lorsque l'acte attaqué a produit ou augmenté l'insolva-
bilité du débiteur. Mais la fraude du fils n'a pas besoin
d'être prouvée, dans notre hypothèse, puisqu'au regard

du fils, la renonciation à l'usufruit est un acte à titre gratuit.

Remarquons enfin que la renonciation faite par le père, pendant le mariage, ne doit pas préjudicier à la mère, et que celle-ci peut exercer sa jouissance légale après le prédécès du père.

Quant à la renonciation indirecte qui résulte de l'émancipation, nous avons dit plus haut (page 230) que les créanciers du père ne pouvaient l'attaquer.

Les enfants ont un droit sur les revenus de leurs biens soumis à l'usufruit légal de leur père ou de leur mère, puisque cet usufruit est grevé de certaines charges à leur profit. D'un autre côté, la jouissance légale est un bien qui fait partie du patrimoine du père ou de la mère. Dès lors les créanciers de l'usufruitier pourront pratiquer une saisie mobilière sur les fruits du fonds soumis à sa jouissance. Mais les enfants, en vertu du droit que nous leur avons reconnu, peuvent intervenir pour demander la main-levée de la saisie ou pour se faire adjuger sur le prix des récoltes, et, par préférence, une somme suffisante pour les frais d'entretien et d'éducation.

Nous n'avons pas admis que l'usufruit légal, différant en cela de l'usufruit ordinaire, puisse faire l'objet d'une cession, d'une hypothèque, d'une expropriation ou saisie réelle. (V. *supra*, pages 200 et suiv.) Mais raisonnons un moment dans la doctrine adverse qui admet la possibilité d'une saisie immobilière de l'usufruit légal. Si donc, au lieu d'une saisie mobilière, frappant les fruits du fonds soumis à la jouissance légale du père ou de la mère, nous supposons qu'il s'agit d'une saisie réelle de l'usufruit même, lors de la faillite ou déconfiture de l'usufruitier légal, dans ce cas encore les enfants peuvent intervenir à l'effet de faire contraindre l'adjudicataire éventuel du droit d'usufruit à fournir une somme suffisante pour garantir le payement des frais d'entretien et d'éducation pour toute la durée de l'usufruit légal.

SECTION VI

Application de notre matière aux enfants naturels légalement reconnus.

Nous n'allons parler, bien entendu, que des enfants naturels légalement reconnus, c'est-à-dire reconnus soit dans leur acte de naissance, soit dans un acte authentique postérieur. Il ne peut être question que de ceux-là, puisque ceux qui ne sont pas reconnus dans cette forme n'ont, aux yeux de la loi, aucun lien de parenté avec leurs père et mère.

Il s'agit de savoir si nous devons leur appliquer l'article 389 du Code Napoléon, relatif à l'administration légale; puis les articles 384 à 387, qui traitent de l'usufruit légal.

1° *Administration légale.* — Je rappelle d'abord les termes de l'art. 389 : « Le père est, durant le mariage, administrateur des biens personnels de ses enfants mineurs. Il est comptable, quant à la propriété et aux revenus, des biens dont il n'a pas la jouissance; et quant à la propriété seulement, de ceux des biens dont la loi lui donne l'usufruit.

17

En présence de ce texte, il serait difficile de décider que l'administration légale s'exerce sur les biens d'un enfant naturel reconnu, comme sur les biens d'un enfant légitime. Le texte, disons-nous, s'y oppose, puisqu'il se place dans le cas où il y a mariage, et que ce mariage subsiste. Ceci est d'autant plus certain, que l'article suivant, poursuivant la même idée, dit « qu'après la dissolution du mariage » la tutelle appartient au survivant des père et mère.

Remarquons que, lors de la rédaction du Code, le divorce était permis; dès lors, que la dissolution du mariage arrive par le décès de l'un des époux, ou par le divorce, la situation était la même : dans tous les cas, la dissolution du mariage donnait ouverture à la tutelle. On peut assimiler, en quelque sorte, la situation des père et mère naturels à celle d'époux divorcés. Les biens des enfants naturels ne peuvent donc être soumis au régime organisé par l'art. 389.

Mais s'il n'y a pas lieu à administration légale, les enfants naturels se verront-ils privés de toute protection? Pas le moins du monde. Ils auront un tuteur. Et, dans le régime de la tutelle, ils trouveront même des garanties bien plus sérieuses que dans l'administration légale.

En effet, 1° les biens de l'administrateur légal ne sont pas grevés d'une hypothèque; les biens du tuteur le sont.

2° Il n'y a point auprès de l'administrateur légal un subrogé-tuteur pour contrôler sa gestion ; on a pensé que la présence de la mère suffisait. Au contraire, l'enfant naturel mineur aura un subrogé-tuteur.

2° *Usufruit légal.* — Les père et mère naturels ont-ils l'usufruit légal des biens de leurs enfants naturels ? Le Code ne renferme à ce sujet aucune disposition expresse, mais il me semble que la négative ressort clairement de l'article 383, et des Travaux Préparatoires.

Je dis que les père et mère naturels sont privés de la jouissance légale. En effet, le Code, après avoir parlé des droits de correction qu'il accorde aux père et mère légitimes, s'exprime ainsi dans l'art. 383 : « Les articles 376, 377, 378 et 379 seront communs aux pères et mères des enfants naturels légalement reconnus. » Ces articles, je le répète, sont relatifs au droit de correction. Quant aux articles suivants (383 à 387), ils traitent de la jouissance légale.

Par conséquent, dire que le droit de correction appartient aux parents naturels, et cela avant de traiter de la jouissance légale, c'est évidemment leur refuser ce droit de jouissance.

Cette interprétation est conforme, d'ailleurs, aux Travaux Préparatoires. En effet, dans le projet du Code, cet art. 383 portait que le titre entier de la *Puissance paternelle* était applicable aux pères et mères naturels : c'était leur accorder aussi la jouissance légale. Ce projet fut modifié et devint l'art. 383 actuel, ce qui ne laisse aucun doute sur le refus de la jouissance légale.

Cette doctrine, enfin, est confirmée par le discours de M. Vesin au Tribunat : « L'art. 383, dit-il, introduit un droit *nouveau* en assimilant, *quant aux moyens de correction*, les enfants naturels légalement reconnus aux enfants légitimes, puisqu'il leur applique les dispositions des articles 376 à 379 du Code. Vous ne serez pas alarmés de cette *innovation*, tribuns, etc. » (Séance du 1ᵉʳ germinal an XI.) Ainsi, selon l'orateur, on introduit un *droit nouveau*, on fait une *innovation* ; à propos de quoi ? à propos du droit de correction. C'est dire que, pour le droit d'usufruit légal, on refuse l'assimilation entre les parents légitimes et les parents naturels.

De même, M. Albisson, orateur du Tribunat, s'adressant au Corps Législatif, dit : « Quatre de ces dispositions (relatives au droit de correction), clairement désignées dans le projet, sont communes aux pères et mères des enfants naturels légalement reconnus. » (Séance du 3 germinal an XI.) C'était encore laisser de côté toute assimilation au point de vue de la jouissance légale.

Cette opinion est partagée par M. Demolombe, tome 6, n° 649; Marcadé, tome 2, sur l'art. 384; M. Valette sur Proudhon, tome 2, page 252, note A. (*Conf.* Pau, 13 février 1822, aff. Lalanne C. Queheillat : Dall., *Répert.*, vᵒ *Puissance paternelle*, n° 196. — *Contra* : Dalloz, *loco citato*.)

POSITIONS

DROIT ROMAIN.

I. Le sénatus-consulte Macédonien tire son nom du fils de famille emprunteur, et non de l'usurier prêteur.

II. Les actions *De peculio* et *De in rem verso* forment deux actions distinctes, et ne sont pas du tout inséparables l'une de l'autre.

III. La fille de famille peut s'obliger civilement.

IV. Le père, héritier d'un créancier du pécule profectice devait, dans le calcul de la Falcidie, imputer sur l'actif héréditaire les valeurs que l'action *De peculio* eût absorbées. Mais, pour déterminer la consistance du pécule, devait-on considérer l'époque de la mort ou celle de l'adition? — Les textes sont en désaccord, et il n'y a pas à les concilier.

V. La *missio in possessionem*, employée contre le père qui se cachait pour éviter l'action *De peculio*, pouvait-elle l'être même dans le cas où le pécule ne présentait aucune valeur? — Il est possible de concilier les textes qui donnent des solutions différentes : Papinien, loi 50, *De peculio*, Dig., d'une part, et Ulpien, loi 7, § 15,

Quibus ex causis in poss., Dig., et loi 30, *De pecul.*, Dig., d'autre part.

VI. Il n'y a pas de contradiction entre les textes suivants d'Ulpien et de Papinien, qui se placent dans des hypothèses différentes : Ulp., loi 8, *De castrensi peculio*, Dig.; Papinien, lois 13 et 16, *eod. tit.*

VII. Papinien ne se contredit pas dans les lois 18 pr., *De stipulatione servorum*, Dig., et 14, § 1, *De castrensi peculio*, Dig., la fin de ce dernier texte n'étant pas de Papinien, et ayant été ajoutée après coup.

VIII. Dans le système des Institutes, le pécule castrense du fils de famille, à défaut de descendants et de frères ou sœurs, passe au père *jure communi*, c'est-à-dire *jure peculii*.

IX. Le fils de famille qui possède un pécule adventice *extraordinarium* peut en disposer par donation à cause de mort.

CODE NAPOLÉON.

I. Les biens du père, administrateur légal, ne sont pas grevés d'une hypothèque légale. Il n'y a auprès de lui ni subrogé-tuteur permanent ni conseil de famille permanent ; cependant, dans certains cas, un conseil de famille sera appelé à donner son avis.

II. Lorsqu'une libéralité entre vifs ou testamentaire sera faite à un mineur, sous la condition que le père n'aura pas l'administration légale des biens donnés ou légués, cette clause ne devra pas être nécessairement réputée non écrite, comme illicite ; les juges pourront, suivant les circonstances, la déclarer valable.

III. La mère n'a l'usufruit légal qu'après la dissolution du mariage par le prédécès du père ; elle ne peut jamais l'avoir pendant le mariage, que le mari soit interdit ou absent, ou qu'il soit déchu de la puissance paternelle par application de l'art. 335 du Code pénal.

IV. Des père et mère, étrangers, ne peuvent exercer l'usufruit légal sur les biens de leur enfant situés en France.

V. Dans notre législation actuelle, on ne peut, par contrat de mariage, renoncer à l'usufruit légal.

VI. Lorsque l'usufruit légal porte sur des choses qui se détériorent peu à peu par l'usage, le titulaire doit rendre, non les choses telles qu'elles se trouvent, mais leur estimation.

VII. L'usufruit légal ne peut être cédé, hypothéqué, ni saisi.

VIII. Les biens donnés ou légués à un mineur ne peuvent l'être sous la condition que la réserve légale elle-même ne sera pas soumise à l'usufruit paternel.

IX. L'usufruitier légal est tenu même des arrérages et intérêts passifs de la succession échue au mineur, déjà dus au moment où s'ouvre son usufruit.

X. Lorsque l'émancipation du mineur est révoquée, l'usufruitier légal recouvre son droit de jouissance.

XI. La déchéance de l'usufruit légal n'est pas encourue par la veuve qui vit dans un état d'impudicité notoire ou de débauche publique.

XII. La déchéance de l'usufruit légal par défaut d'inventaire n'est pas nécessairement encourue après l'expiration des trois mois. C'est une question de fait laissée à l'appréciation des tribunaux.

Et cette déchéance ne s'applique que sous le régime de communauté.

XIII. La renonciation à l'usufruit légal, faite par le titulaire pendant la durée de sa jouissance, ne l'autorise pas à demander le remboursement des impenses faites avant la renonciation.

XIV. L'inexécution des charges imposées par l'art. 385 ne doit pas entraîner la déchéance du droit même d'usufruit légal.

XV. La déchéance ne doit pas résulter de ce que l'usufruitier légal est d'une inconduite notoire.

XVI. Il n'y a lieu ni à administration légale ni à usufruit légal sur les biens de l'enfant naturel.

DROIT CRIMINEL.

I. L'art. 356 du Code pénal, qui punit l'enlèvement d'une mineure de moins de seize ans, s'applique même au cas où la mineure était soumise à une simple autorité de fait, et, par exemple, à une fille naturelle, placée sous la garde de son aïeule, quoiqu'il n'y ait entre ces deux personnes aucune parenté légale.

II. Le faux témoignage est un délit d'audience, qui doit, comme tel, être jugé séance tenante.

DROIT ADMINISTRATIF.

L'art. 75 de la Constitution de l'an VIII ne doit pas s'appliquer dans le cas où le préfet de police pratique une saisie sur un ouvrage non encore publié ; le préfet peut être actionné directement, *comme représentant l'État*, devant la justice civile, sans qu'il soit besoin de l'autorisation préalable du Conseil d'État.

DROIT INTERNATIONAL.

I. Le navire portant pavillon d'une nation amie ou neutre peut néanmoins être arrêté dans les eaux territoriales de la France et traduit devant la juridiction française, lorsqu'il commet des actes d'hostilité contre nous, et que, par exemple, il exécute un complot formé par des Français. Il n'est pas admis, en ce cas, à opposer l'exception de relâche forcée. Et s'il parvient à s'échapper du port français, il peut être poursuivi, même en pleine mer, tant qu'il n'est pas entré dans les eaux territoriales d'une nation neutre ou alliée.

II. Les neutres ne sont obligés de respecter le blocus que lorsqu'une force suffisante ferme l'entrée du port :

la nécessité du blocus effectif supprime dès lors le droit
de prévention et le droit de suite.

HISTOIRE DU DROIT.

I. C'est principalement dans les communautés taisibles
de serfs qu'il faut placer l'origine de notre communauté
conjugale.

II. L'origine de la censive remonte à la décadence de
l'empire romain et aux *patrocinia vicorum*, soit que les
potentes fissent des concessions en précaire, soit que les
petits propriétaires achetassent la protection des premiers
en convertissant leur propriété en précaire.

Vu par le président de la thèse,
G. COLMET D'AAGE.

Vu par le doyen de la Faculté,
C. A. PELLAT.

Vu et permis d'imprimer,
Le Vice-Recteur de l'Académie,
A. MOURIER.

TABLE DES MATIÈRES

DES

EFFETS DE LA PUISSANCE PATERNELLE

A L'ÉGARD DES BIENS DE L'ENFANT

3ᵉ PARTIE : D'après le Code Napoléon.

PARIS, — TYPOGRAPHIE MORRIS ET Cⁱᵉ, 64, RUE AMELOT.